―巻頭インタビュー―

"人"の志を起点とする「志本主義」へ時代は着実に進化していく

一橋ビジネススクール 客員教授 京都先端科学大学 教授
名和 高司

パーパスは自分たちのなかから湧き出てくるもの

フランスの画家ポール・ゴーギャンが19世紀末に描いた絵画に『我々はどこから来たのか 我々は何者か 我々はどこへ行くのか』というタイトルの作品があります。理念とパーパスの違いを問われた時、私はこの絵画をよく引き合いに出します。

理念は「我々はどこから来たのか」を表すもの。そもそも自分たちは、何を目的として会社を立ち上げたのかという、原点であり根っこの部分。一方で、パーパスは未来のありたい姿、すなわち「我々はどこへ行くのか」を示すものといえるでしょう。

ミッションとパーパスもよく対比されますが、ミッションはいわば大義であり、しなければいけないこと。それに対してパーパスはもっと、自分たちの内面から湧き出てくる思いを示すもの。それが社会のあるべき姿と重なり合うものです。

パーパスは、そのまま訳すと「目的」になりますが、よく考えると理念もミッションも目的にほかなりません。ですから私は、もっと日本という国の価値観に適した形で、「志（こころざし）」という表現を好んで使っています。

「パーパス経営」という言葉を具体的な形で社会に示したのは、米国大手の投資運用会社・ブラックロックのCEO、ラリー・フィンクが最初だといわれています。2018年に投資先の経営者に送った年次書簡に「企業は目的意識（A sense of purpose）がなければ、ポテンシャルを最大限に発揮することはできない」などと述べています。

近年、パーパスが注目を集めるようになった背景に、「行きすぎた資本主義の見直し」が挙げられます。世界中でマネーゲームが行われた結果、貧富の差が拡大したり、地球環境が悪化したりと弊害が増え、このままではいけないという声が日増しに強くなっているからです。

3つの市場の変化も見逃せません。1つ目は顧客市場（ライフ・シフト）。「今だけ、ここだけ、私だけ」ではなく、エシカル消費に代表されるような将来視点・地球視点で物事を考える人が増えており、企業もこうした動きを意識することが重要になっています。

2つ目は人財市場（ワーク・シフト）。優秀な人ほど自分のやりたいことに忠実に会社を次々と移っていき、あらゆる企業が多様な働き方を提供しないといけないこと。

そして最後に金融市場（マネー・シフト）。ＥＳＧに代表される「地球環境や社会問題について考慮する企業に投資する」という流れが加速していること。これらはいずれも顕著な変化が表れています。

もう一点、私が提唱しているのが「新ＳＤＧｓ」という考え方です。サスティナビリティ、デジタル、グローバルズの３つのメガトレンドを表現したものです。サスティナビリティは時代の要請に応える重要なテーマですが、これはあくまでも「存在資格」であり、未来へのエントリーチケットでしかありません。ここにデジタルとグローバルズが加わることで、将来に向けた競争優位性が生まれてくるのです。

そしてこれらの戦略は、中心にパーパス（志）があってこそ、〝人〟を中心に置くからこそ、成し得るものだと考えています。

「新SDGs」の概念

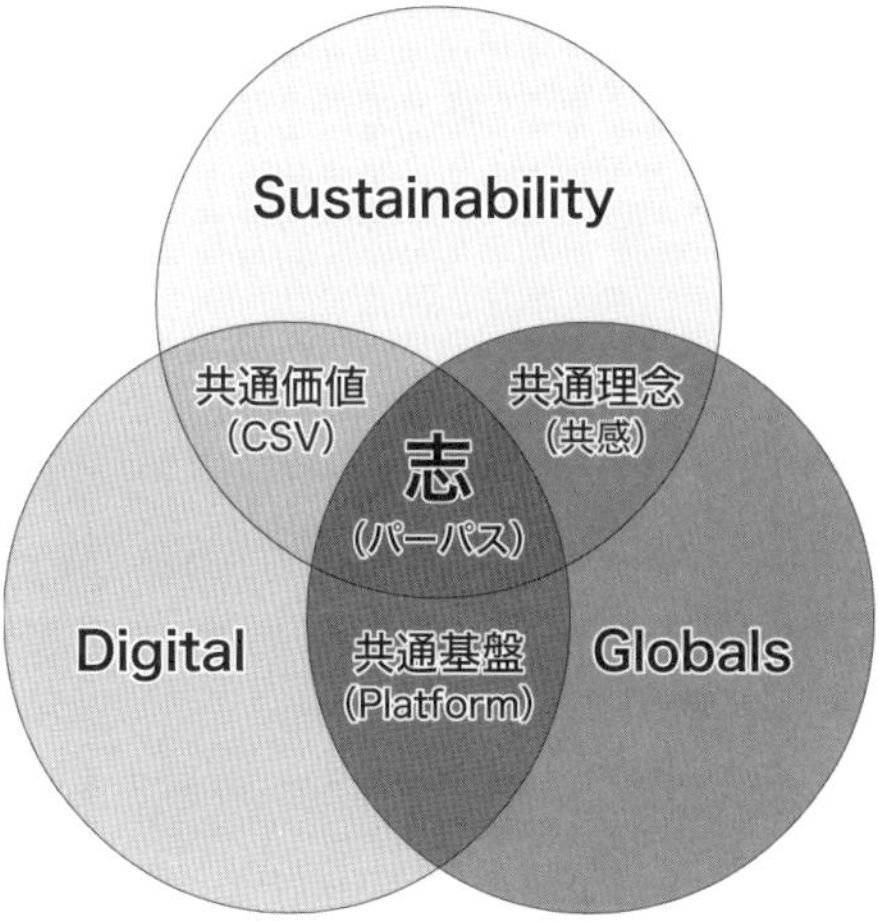

「人本主義」と「三方よし」、受け継がれる日本的経営がパーパス経営の本質

経済活動を構成する要素は、一般に「ヒト・モノ・カネ」の3つの要素で表されます。そのうち、モノはコモディティ化しています。そして「行きすぎた資本主義」は、カネに偏った経営だといえるでしょう。だからこそ「人が中心」の経営が大切であり、パーパス経営の本質はここにあります。

考えてみれば、そもそも日本的経営の中心にあったものは人でした。1980年代後半、経営学者の伊丹敬之氏は「日本の成長の原動力には〝人本主義〟がある」と唱えています。しかしバブルの崩壊を経て、日本経済が急激に悪化するなかで、人を中心とした経営は「過去の遺物」のような扱いをされるようになりました。それをあらためて見つめ直す必要があります。

パーパス経営が日本的経営と親和性が高いもう一つのキーワードが、近江商人の経営哲学として知られる「三方よし」です。三方とは「売り手、買い手、世間」を指しますが、私はこの順番が非常に素晴らしいと考えています。まずは自分たちがやっていることにとことんのめり込み、社会に良いことをしたいと強く思う。この熱意がないとすべてが始まらないからです。

このような「究める」という姿勢も日本ならではです。武道、茶道、華道など、日本では〝道〟を究める文化が伝統的に受け継がれています。一方、弁護士、税理士、建築士、栄養士

など、道を究めた専門家には〝士〟の文字が使われます。士の心、すなわち「志」。より日本的なパーパスのあり方が、この言葉にあると考えています。

パーパス策定の必須条件は「ワクワク」「ならでは」「できる！」

私はこれまで100社以上の企業のパーパス策定に携わってきました。現時点ではやはり大企業がパーパス経営に積極的ですが、それには大きな理由があります。大企業では事業内容が多岐にわたり、「自分たちがどちらを向いているか」を共有する必然性があるからです。

では中小企業の皆さんにとってパーパスは必要ないかと問われれば、決してそんなことはありません。むしろ中小企業こそパーパス経営がしっくりくる、といえるでしょう。事業内容も強みも絞られるため、言語化も共有もしやすいからです。

パーパスをつくる時、何が重要か。私は以下の3つを必須条件に挙げています。それは「ワクワク」「ならでは」「できる！」です。

「わくわく」は、内面から駆り立てられる高揚感。みんなの心を震わせるような言葉になってるかどうかです。「ならでは」は、いちばん難しくて、他の会社と同じようなものではなく、その会社らしさや思いが込められたものかどうか。しかし、これらが荒唐無稽なものでは意味がなく、現実的に「できる！」ことが最後の要になります。

パーパスは、それぞれの会社の思いが詰まったもので、多種多様な表現で溢れていますが、可能であれば短いセンテンスのほうが伝わりやすいし、広がりがあると思います。

例えば、楽器や音響機器の製造を手がけるヤマハは、「MAKE WAVES」をパーパスに掲げています。これくらいシンプルな、英語で2ワードくらいのものが個人的にはおすすめです。

とはいえ、せっかくパーパスを決めても、「つくっただけで終わり」ではあまりにもったいない。そういった残念な気持ちを込めて、私はそれを「額縁パーパス」と呼んでいます。一方、パーパスの内容は素晴らしいのに、単なるきれいごとになってしまい現実とかけ離れてしまうことも少なくありません。まだまだパーパスは「定着した」とはいえない状況であり、形だけのものが溢れることで、一過性のブームに終わってしまうことをとても危惧しています。

そのためにも重要なのが、現場への浸透です。以前アンケートを取ったところ、実に4割の企業から「従業員への浸透が進まない」との回答がありました。

そもそも、パーパスは「未来のありたい姿」です。当然のように、現実とは大きなギャップがあり、いきなり実現できるわけがないのです。もしパーパスをそのまま突きつけると、現場は「長期の繁栄を目指すか、目の前の仕事（利益）を取るか」の対極の二択に追い込まれます。特にミドル層ほど、拒否反応は強くなるでしょう。

そこで重要なのが「自分ごと化」、そのためのプリンシプル（行動原理や判断基準）の策定です。一人ひとりがパーパスに即して「自分ごと化」できるように、どんどん変わっていける環境をつくることが重要です。ただその前に「組織ごと化」していく必要になる場合もあります。特に総務や労務など、バックオフィス部門で働く方々にとってパーパスは自分ごとにしにくく、より丁寧な対応が求められます。

私は長年にわたって、「CSV（Creating Shared Value）」の研究をしてきました。パーパスは主に社会的価値にスポットが当たっていますが、「社会課題を解決することが自社の経済的な利益につながる」という考え方のCSVは、もう一歩先にある概念であるため、パーパスとCSV両面からあらためて研究を深めているところです。

このような経験をもとにお話しすると、パーパス経営の実現と経済的利益には、実は多くの因果関係があります。パーパスによって目指すものが明確になり、企業内の一体感やロイヤリティーが上がることで、短期的には売上げ増加やコスト削減などの生産性向上、長期的にはコンプライアンスリスクの減少や無形資産の拡大などが、実際に生まれているのです。

伝統のなかにこそ次なる革新の芽があり、革新が明日の伝統をつくっていく

冒頭で紹介したゴーギャンの絵画の「我々はどこから来たのか」「我々はどこへ行くのか」の文節は、「伝統と革新」という言葉に置き換えられるかもしれません。歴史ある企業の皆さ

んは、常にこの「伝統と革新」の積み重ねのなかで今があるといえるでしょう。

一般にこの2つの言葉は、別々に存在すると思われがちですが、私は対義的なものではないと考えています。むしろ、両義性がある一体的なものです。伝統のなかにこそ次なる革新の芽が存在し、革新によって生み出されたものが次なる伝統になっていくからです。

「足下を掘れ、そこに泉あり」というニーチェの名言があります。自分の不得意なところや不見識な場所にスポットを当てても生まれてくるものは少なく、やはり自分たちが今まで培ってきた歴史や強みを生かすからこそ、新たな可能性は広がります。

企業の永続性を語る時、「ダーウィンの進化論」が用いられることがよくあります。これは「すべての生物は〝自然選択〟を通して進化しており、突然変異によって生まれた個体が、たまたま環境に適応したため生き残り、進化が起こる」という考え方です。しかし現在の進化生物学では、生存競争や自然淘汰という切り口で進化が語られることはあまりありません。代わりに私が用いているのは「ゆらぎ」「つなぎ」「ずらし」という3つの言葉です。

「ゆらぎ」は、組織の末端＝現場から生まれます。なぜなら、環境の変化にいちばん晒される場所だからです。ここで受け止めた「ゆらぎ」を、しっかりと他の部署へ「つなぎ」、組織全体を「ずらし」ていく。実は生命の進化にも同様のプロセスが存在していて、この連鎖がうまくいかない種は絶滅してしまう。組織についても、同じことがいえるでしょう。

今、〝お金〟を中心とするキャピタリズムとしての「資本主義」の時代から、〝人〟の志を起点とする「志本主義（パーパシズム）」へと、時代は着実に進化しようとしています。

ここで経営者に求められるのが、「オーセンティックリーダーシップ」です。オーセンティックという言葉には、「本物の」「正真正銘の」「信頼できる」などの意味があります。ありのままでもなく、カリスマになるのでもなく、自身の情熱や信念など、自分らしさに基づいた価値観・倫理観に従ってリーダーシップを発揮していく。その姿に周りの社員が共感し、行動を共にしていくことで強い組織が生まれます。受け継いできた長い歴史をさらなる成長につなげていくため、日本を元気にするために、ぜひ「志」を見つめ直してみてください。

一橋大学ビジネススクール客員教授　京都先端科学大学教授

名和 高司
なわ たかし

東京大学法学部、ハーバード・ビジネス・スクール卒業。三菱商事を経て、マッキンゼーで約20年間勤務。デンソー、ファーストリテイリング、味の素などの社外取締役、朝日新聞社の社外監査役を歴任。著書に『パーパス経営』『企業変革の教科書』『CSV経営戦略』などがある。

レガシー・カンパニー7◆目　次

本文中の企業データは２０２４年2月末現在のものです。

レガシー・カンパニー7

創業304年

舞台ファーム

最先端のテクノロジーと〝舞台流〟エコシステムの融合で持続可能な食と農を追求。「未来の美味しいを創る」

代表取締役社長 針生 信夫

農家の経営を大きく左右する天候、大地、人材。いわゆる「天地人」のリスクをどう無くしていくか、持続可能な農業へどう進化させていくか。舞台ファームの壮大な挑戦の原点はここにある。マスコミの豪農ランキングではトップ常連。農業という枠を超えて同社の一挙手一投足は常に注目を集め、大きなうねりとなって広がりを見せる。そんな同社のビジョンを体現するのが、2021年に宮城県美里町で立ち上げた次世代型植物工場「美里グリーンベース」だ。

東北の名峰・栗駒山を背にした緑豊かな田園風景のなか、その白く巨大な施設は圧倒的な存在感で私たちを出迎える。建屋面積はおよそ5ヘクタール、長辺は500メートルにもなり、建物の奥は霞《かす》むほどだ。しかし「美里グリーンベース」のすごさは規模だけでは測れない。

育苗から栽培までの工程がコンピューターで自動管理され、高生産性、安定高品質、省力・省人化、環境への負荷低減など、〝あるべき農業の未来形〟がここにある。極限までシンプルに表現すると、「ロボットが植えた種が、生育状況に合わせて最適な場所に自動で移動し、およそ20日後、美味しく育ったレタスが収穫場所に到着する」、そんな画期的な施設だ。
「つい最近、欧米の先進的なファームをいくつか視察で訪れたのですが、美里グリーンベースはレタス工場として世界の最先端にあるとあらためて確信しました」。そう語るのは、宮城県仙台市で15代続く農家を受け継ぎ、２００３年に舞台ファームを立ち上げた針生信夫だ。

ではこれらの先進性について、もう少し掘り下げてみよう。まずは生産効率の高さから。施設内は通路がほとんどなく、土地面積を最大限に活用できて人手もかからない。年に18回[*1]の収穫が可能で、これらの相乗から通常の露地栽培に比べて80倍ほど生産性が上がるという。１日に収穫できるレタスは最大５万株。「仙台で最もレタスの生育に適した６月１日の気温や湿度」を基準に１年中制御され、季節や天候を問わず安定供給できることが大きな強みだ。

商品力の高さは、自然の恵みを最大限に生かした仕組み化がポイントだ。太陽光とＬＥＤを併用し、独自開発の〝ソイルブロック〟[*2]を活用。「肉厚でたくましいレタス」を実現した。決して効率化を求めるだけの植物工場ではない「令和の畑」と針生は表現する。

環境対策においても、「必要最低限の肥料を工場内で循環し、土壌や地下水、河川への肥料成

＊1　露地栽培では年に2回の収穫が一般的
＊2　土耕栽培と水耕栽培をかけあわせた独自の栽培システムを確立している

分を流出させない」など、ＳＤＧｓの精神に基づく多様な取り組みを推進中だ。

ここで生産されたレタスは、根と培地が付いた生きたままの状態で流通。家庭でも1週間程度は栽培可能で、「キッチンを畑に変える」という斬新なコンセプトが注目を集めている。

「必ず楽にさせるから。変革を起こすから」。家族を愛する気持ちを原動力に

社名にある〝舞台〟は、15代続く針生家の屋号。収穫祝いの神楽奉納（新嘗祭《にいなめさい》）の舞台が敷地内にあったことに由来する。「舞台を現在の言葉にすると、プラットフォームとも言い換えられ、まさに私たちが目指している未来そのものです。仙台平野で8ヘクタールほど保有してきた農地とともに、〝舞台というブランド〟もお金では買えない私たちの大きな財産です」

しかし針生にとって、もっと根源的な受け継いできたレガシーがあるという。それは勤勉さ、そして家族を守ろうとする深い愛情だ。「当時は平均して1日18時間、収穫期には寝ないで働くことも珍しくありませんでした。それでも天候に左右され、市場価格に振り回される。労働と対価があまりにも釣り合わない。妻にはいつも心配をかけていました。だから私は『必ず楽にさせるから。変革を起こすから』とずっと話していたんです」

一方、針生は新潟のある豪農の存在を知り、たびたび現地を訪れ刺激を受けてきたという。「やるからには日本一の農家になろう」。その決意はより強くなった。

（左上）1940年ころ、針生家の屋敷の前で14代目を囲んで。（右上）「美里グリーンベース」で収穫される、栽培した時のままの根付き、土付きのレタス「つみたてサラダ」。（左下）日本最先端のDX農場「美里グリーンベース」内観

農業の伸びしろに気づくヒントになったのは、規格外の大きなブロッコリーだった。「市場に持っていくと二束三文でも、それを仕入れてカット野菜にすると数倍の価値になる。そういう商売をしている会社を知って、『つくって市場に出す』だけではない事業のあり方を模索しました」

　そして1988年に地元スーパーとの直接取引をスタートし、事業の6次化に着手。並行して仙台市場の買参権を取得して「仕入れもする農家」として業界に衝撃を与えた。さらに、全国の農家と仕入れで協業するネットワークづくりにも乗り出した。このころからすでに「農業の新たな流通」を見据えており、現在の「5階建ての生産物安定供給体制[*3]」の起点となっている。

　1996年にはフジフーズ[*4]を通じてセブン‐イレブン・ジャパンと取引を開始。売上げが2億円

＊3　市場・仲卸、全国農業者連携、太陽光型植物工場（みちさき）、自社露地栽培、美里グリーンベースの５つのルートから安定供給を実現する
＊4　セブン-イレブン・ジャパンの有力ベンダーの１つ

を突破したことを機に、法人化を図った。その後も業務用カット野菜を中心に、事業は順調に拡大したが、２０１１年3月、同社は壊滅的なダメージを受けることになる。

農家から農業会社へ、そして食料供給企業へ。持続可能な農業の牽引役に

針生の飽くなき挑戦の歴史を振り返ると、そこには同社の成長を期待する多くの企業の応援があったことがわかる。例えば「農家には絶対無理」といわれた買参権の取得時。セブン‐イレブンと直取引[*5]を始める時は、フジフーズからの強力なプッシュがあり、東日本大震災により農地や倉庫などの施設に壊滅的な被害を受けた時は、「生食用カットサラダ」の企画・製造という新規事業をセブン‐イレブンより受託し、結果として同社が再生する大きな原動力となった。２０１３年にはアイリスオーヤマと共同出資で、精米事業を手がける舞台アグリイノベーションを設立したが、これも同社の将来性を買われてのことだ。

日本の農業人口は、高度成長期に入るころから一気に減少し、「私が農業を始めた40年前から、3割にも満たない水準になった」と針生はいう。日本の食料自給率の低さは深刻な課題だが、それ以前に農業そのものが存続の危機にさらされている。「日本の農業は変わらなければいけない」。その期待を一身に背負って、これからは同社が先陣を切って市場をリードしていく番だ。直近の売上げは、31億円から57億円へと飛躍的に伸長し、１００億円突破も視野に入った。

＊5　農業法人としては国内で唯一、セブン-イレブン・ジャパンのベンダーになっている

社内には優秀な人材が集まり、東北大学や東京農業大学などとの産学連携、独自のロジスティックスの構築も進んでいる。震災で大きな被害を被った福島県沿岸地域の農業再生を始め、宮城県美里町や茨城県境町など地方自治体との協業も裾野が広がり、ITベンチャーや、福祉団体まで、「舞台エコシステム（経済圏）」は拡大の一途だ。

代々続く農家から農業会社へ、そして食料供給企業へ。さらには「究極のエネルギー変換ビジネス」の担い手として持続的な農業を可能にするために。同社を中心とする「未来の美味しいを創る」ための志高きネットワークは、すでに日本全国を網羅しようとしている。

Profile

針生 信夫（はりう のぶお）

1962年、宮城県出身。宮城県農業高等学校を経て、宮城県立農業講習所（現・宮城県農業大学校）を卒業、就農。2003年7月に有限会社舞台ファーム設立（翌年株式会社に移行）、代表取締役社長就任。2013年、アイリスオーヤマとの合弁により舞台アグリイノベーションを設立。

株式会社舞台ファーム

〒984-0837
宮城県仙台市若林区日辺字田中11番地
☎022-289-6768
創業：1720（享保5）年
事業内容：野菜・お米の生産・販売、農産物加工・販売、農業経営に関するコンサルティング
https://butaifarm.com/

創業75年

常磐植物化学研究所

植物の生存戦略にならい、地域や社会に"生かされる"企業へ人づくりに全力を注ぎ「世界一の植物化学企業」を目指す

代表取締役社長 立崎 仁

「植物化学（ファイトケミカル）」の専門企業として、植物成分の抽出・分離・精製に関する深い知見と技術力を持ち、食品・健康食品・医薬品業界向けの原料提供を手がける常磐植物化学研究所。機能性表示食品の市場拡大とともに、その存在感は一段と増している。事業の社会性を追求し、ＥＳＧ経営を究め、「世界一の人財づくり」にこだわる企業文化は、育まれてきた同社のＤＮＡであり、その原点は１９４９年の創業時の「設立趣意書」にまで遡る。

「植物化学の成果の医薬的応用により、社会公衆の福祉増進に寄与する」「営利のみを目的とせず、一半の力を植物化学の発達にも投ぜんとする」、あるいは「祖国再建の礎石の一半を荷うこと」など、常磐植物化学研究所の「設立趣意書」には、戦後日本の復興に貢献する存在で

ありたいという熱い思いが、言葉の端々に溢れている。

それもそのはず、創業者の松尾仁は、元・厚生省国立衛生試験所所長。共同創業者であり、法人化後に経営を受け継いだ立﨑浩（現・社長の祖父）も内閣企画院で医薬品分野に携わっていた。のちに衆議院議長を務めた灘尾弘吉氏や、厚生事務次官を務めた亀山孝一氏も設立にかかわるなど、まさに国策ともいえる形で生まれた企業なのだ。

「私たちは現在、ESG経営に積極的に取り組んでいますが、それが成果につながっているのも、創業の精神がしっかりとした土台にあるからだと考えています」と、社長の立﨑仁は語る。

「祖父は佐倉市の市民カレッジやライオンズクラブを立ち上げ、長年にわたって教育委員会委員長も務めました。地域とともに歩む姿勢や、人づくりにこだわる経営も、やはり創業時から受け継いだ軸にあるもの。目指す理想が高いほど、それは一朝一夕で成し得るものではなく、75年という歴史が私たちにとって非常に大きな財産になっていることを実感しています」

経営危機の〝いちばん苦しい時期〟に、あえて社会貢献活動に注力する

創業時は「原爆などを起因とした血管脆弱化《ぜいじゃくか》の症状を緩和するため」日本で初めて医薬品原薬としてルチンの製造を手がけ、その後甘草《かんぞう》の有効成分であるグリチルリチンに目を付けた。当時すでに、特定成分の純度を97～98パーセントに精製する技術を確立しており、食品添加物

や国内最高純度の医薬品原薬として、その後の成長を支える主力事業へと育てていった。

同社の優れた抽出・精製技術は、さらなる事業拡大の起点となった。1983年に植物抽出エキスを製造するための工場が完成。翌年社長に就任した立﨑隆のもと、イチョウ葉エキスやビルベリーエキスなど、[*1]健康食品向け原材料の製造に積極的に取り組んだのだ。

「当社のもう一つの伝統が、イノベーションに長けていることです。例えば『日本では医薬品ではないものの、海外では医薬品価値があるものを見出すこと』が非常に得意で、健康食品市場の高まりとともに、この業界の第一人者としての地位を固めていきました」

そう語る立﨑が入社したのは2007年。しかし往時の勢いは、もはや残っていなかった。「中国製の安価なビルベリーエキスが大量に出て、市場が崩れたこと。そのため営業の意識が売上げ偏重になり、管理が杜撰《ずさん》になってきたことが主な理由です。入社翌年の業績は、売上げ24億円に負債38億円と惨憺《さんたん》たるありさま。債務超過に等しい状況でした」

そんな危機的な状況のなか、立﨑は組織の見直しや在庫の整理などを徹底して進めたが、ここで注目したいのが「いちばん苦しかった時期にあえて」CSR活動に注力したことだ。「将来の展望が見えないから社内の雰囲気が悪い。建物も老朽化して薄暗い。この環境下で、どうやって前向きの気持ちを持ってもらうか。その突破口になるのではないかと考えたのです」

その一つの事例が、小学生、高校生向けの理科の実験教室だ。「最初は渋々だった社員も、学

＊1　ビルベリーエキス「ビルベロン」は目の疲労感緩和などの効果、イチョウ葉エキス「ギンコロン」は記憶力・判断力向上効果が期待されている

（左上）本社工場の入り口に立つ現・社長の祖父（共同創業者）の立﨑浩。（右上）全面に太陽光パネルを敷き詰めた本社工場の屋上。（左下）ウェルビーイングを体現する場所として「佐倉ハーブ園」の敷地内に建設された「sakuraヘルシーテラス」

校から戻ると生き生きとした表情に変わるのです。実は教える側、奉仕する側こそ得られるものが多い社会貢献活動の本質的な価値を知って、現在のＥＳＧ経営の素地が社内に育っていきました」

それでも苦しい時期は続いたが不思議と心までは貧しくならなかった、と立﨑は語る。「自分が大事だと信じるものを常に誇りに思える自尊心を、先代も私も一度も忘れたことがなかった。それは私たちのレガシーといえるかもしれません」

もう一つ「絶対的な師匠を持つことの大切さ」も繰り返し口にする。「偉大な先達の考え方や実践を踏襲することで、道筋がしっかり見えるようになる。例えば、松下幸之助さんの道徳や社会倫理に基づく経営は〝日本的経営の絶対的な成功モデル〟だと考えており、このモデルで世界で勝つことが、私たちの大きな目標になっています」

培ってきた有効成分の抽出・精製の技術が「機能性表示食品制度」で花開く

「事業者の責任において、科学的根拠に基づき特定の保健の目的が期待できる旨を表示することができる制度」として、機能性表示食品制度がスタートしたのが2015年4月。これが再建中の同社の〝神風〟となったという。より高品質・高付加価値な製品を目指すために、同社の優れた研究開発力が生み出す〝科学的根拠〟を期待する企業が飛躍的に増えたのだ。

立﨑はこれを千載一遇のチャンスと捉え、原料提供、臨床試験、申請実務のサポートなどまでトータルの対応力を強化。その挑戦はみごとに結実した。現在の機能性表示食品対応素材は12種類、届出受理実績は累計290商品を突破。なかでもラフマ葉エキス[*2]は国内の受理実績すべてが同社によるものだ。さらに「機能性の常磐」の評価を確立したことで、原料・中間体の受託製造や、サプリメント・化粧品のOEMなど他の主力事業にも好影響をもたらした。

2018年、経営再建が完了して〝自主独立経営〟が可能になったことを機に、立﨑は「環境と地域社会への貢献を最優先すること」をテーマに掲げ、取り組みを加速させた。例えば「環境負荷の最大の原因であるエネルギー」の削減にさまざまな角度から取り組み、早期に本社工場の99パーセントのカーボンニュートラル化を実現している。「社員の目標設定にはすべてSDGsターゲットが紐づいており、『仕事をすることが社会貢献である』という認識を一人ひとり

＊2　ラフマ葉エキス「ベネトロン®」は睡眠改善、月経にともなう不調改善効果が期待されている

が持っています。これが私たちならではの企業文化であり大きな強みになっています」

近年、立﨑が積極的に発信するキーワードが「生かされる」だ。「植物は〝動かない〟という生存戦略を取ることで成長し、繁栄しています。それは企業も同じ、人や社会や地球環境に生かされるからこそ永続し、進化することができるのです。そのためには、求められる価値や魅力をしっかり身に付けること、企業理念に根差した〝人財〟を輩出し続けること。そして植物の力を引き出し、植物の価値を高めていくことで、人と植物が互いに生かし生かされ、ともに繁栄する未来が拓かれていけば最高に嬉しいと、私たちはいつも語り合っています」

Profile

立﨑 仁（たつざき じん）

1978年、千葉県出身。学習院大学卒、ノースカロライナ大学大学院薬学研究科修了。カネボウ化粧品を経て、2007年に常磐植物化学研究所入社。2010年6月、代表取締役社長就任。2019年に薬科学の博士号を取得（千葉大学）。

株式会社常磐植物化学研究所
〒285-0801
千葉県佐倉市木野子158番地
☎043-498-0007
創業：1949（昭和24）年
事業内容：医薬品原薬、化粧品原料、食品添加物、機能性表示食品対応素材等の製造及び販売
https://www.tokiwaph.co.jp/

創業77年

三和建設

強みにフォーカスしたブランディングと人づくりでお客さまにも従業員にも「選ばれるゼネコン」へ

代表取締役社長 森本 尚孝

中堅ゼネコン、三和建設が食品工場に特化したソリューションブランド「FACTAS（ファクタス）」を立ち上げたのは2011年。「強み」を明快に打ち出すブランディングで、大変革に踏み切ったのだ。それから12年、77期にあたる2023年9月期の売上げは創業以来の最高値を記録した。この思い切った全社変革には、創業時から受け継がれてきた同社らしさが色濃く反映されているという。

強みとは、「探すもの」ではなく「決めるもの」――。2008年に4代目社長に就任して以来、ブランディング戦略や理念経営を軸に全社変革を導いてきた森本尚孝はそう語る。

三和建設は森本の祖父・多三郎が、戦後間もない1947年に大阪で立ち上げた会社だ。時はGHQの占領下。建築資材の調達もままならない深刻な物資不足のなか、「被災工場の古鉄骨」という資源に目を付け、リサイクル資源を活用しながら低価格・短納期で工場や倉庫の建築ニーズに応えて顧客からの信頼を積み上げていった。現在まで続くサントリー（当時は寿屋）との取引もこの時期に始まっており、世界に名だたるシングルモルトウイスキー「山崎」を醸造する山崎蒸溜所の設計・施工（1951年）は、創業期の代表的な実績となっている。

「小さいながらも自主独立の気概を持ったタレント集団で、単にハコをつくるだけでなく、誰がどう使うのか深く理解しようというオーダーメイド志向が強かったようです。ごく初期から新卒採用を始めているのですが、これも、技術や工法より人の創意工夫こそが財産と考えて、仲間を自分たちで育て、オリジナルな社風を一からつくろうとしたゆえだと思います」

その後、創業者の娘婿をはさんで、森本の父が3代目として事業を継承。時代の追い風を受けて順調に成長していたが、創業50周年を過ぎたころにピンチが訪れる。バブル崩壊後の設備投資の冷え込みで受注が激減し、実質債務超過に陥ったのだ。

倒産寸前だった2001年に入社し、経営を立て直したのが森本だ。ゼロから企業価値を再構築するにあたって、創業期の自社の姿にヒントを求めた。「施主のニーズを汲み取り、設計・施工の一貫受注で深い顧客理解を形にする」というソリューション型サービスこそが「三和建設らしさ」と確信。祖業といえる「食品工場建設」への特化を決断した。

しかし、この時点での食品工場案件の売上比率はごくわずか。どう見ても「強み」と胸を張れる状況ではなかったという。当然のように社内からも「機会損失につながる」という反対意見が強かった。しかし、森本には「絞れば拡がる」という信念があった。

「少なくともゼネコン業界においては『何でもできる』は『何もできない』と同じです。御用聞き営業を続ける限り、武器は価格だけになり、社員が仕事に誇りを持てなくなってしまう。腹をくってリソースを集中させ、『選ばれる企業』として成長していく道を選んだのです」

立ち上げ当初は要求事項を満たせず、竣工後に手直し工事を重ねて赤字になる案件も少なくなかったが、それも成長のための投資と割り切って、痛みに耐えつつ実績を蓄積。じわじわと「食品工場といえば三和建設」という認識が浸透していった。これを横展開する形で、2017年にはオーダーメイドの倉庫建設を「RiSOKO（リソウコ）」としてブランド化。今では食品工場と倉庫建設が全売上げの50パーセント以上を占めるまでになっている。

「つくるひとをつくる」という理念を掲げ、組織をゼロから再構築

ブランディング戦略と並行して、森本が進めたのが「理念経営」だ。2013年に策定した経営理念は「つくるひとをつくる」という9文字。文字通り「社員一人ひとりの成長」を事業の最上位の目的に位置づけたものだ。ゼネコンの理念としては異色といえる。

（左上）創業期の代表的な実績である山崎蒸溜所。（右上）「つくるひとをつくる」を理念に掲げ、社員一人ひとりの成長に力を入れる。（左下）食品工場・食品関連施設にかかわるトータルソリューションブランド「FACTAS」の施工イメージ

森本はことあるごとに「当社に兵隊はいない。全員が士官だ」と社員に話す。上からの指示を受けて動くのではなく「自分で考えて動く」ことを求めるのだ。そのために、新入社員にもくまなく経営情報を共有し、全社員がフラットに発言できるプラットフォームとして、ＳＮＳ形式の日報システムを整備。業務上の気づきや改善提案、トラブル報告などが活発に投稿され、どんな意見も即座に全社に共有される。立場を問わず議論を交わすことは同社の当たり前になっているのだ。

２０１５年に新たな形で新卒採用方式がスタートしてから、理念の浸透はより加速していった。「理念共感型・成長型選考」と名づけたこの採用活動の目的は、「選抜」ではなく「成長」にある。「学生に当社を理解してもらい、就業体験やワークショップ、社員との対話を通じて、当社で働くビ

ジョンを描いてもらうことをゴールにしています。旗振り役は人事部門ですが、いわゆる面接はなく、学生の理解に必要なだけコミュニケーションの機会を提供するのです。社員がフルコミットし、1人の学生が何十人もの社員と対話します。私も学生からインタビューを受けます。そして最後に、思い思いのビジョンをプレゼンテーションしてもらうのです。非常に手間がかかりますが、いわば『理念体現のお祭り』として私たちも楽しんでいます」

採用の可否も、プロジェクトに関わった社員が「この人と一緒に働きたい」と思うかどうかの総意で決まるという。一方的にスキルや適性をジャッジするのではなく、同社で働くことで成長できる人が自然に残るようになっており、採用活動がそのまま『ひとづくり』の場になっているのだ。

第3のブランドがボトムアップで生まれ、新たなる発展期へ

「社員が末永く活躍するためには同期のつながりが大事」という考えにもとづき、新卒社員専用の「ひとづくり寮」を新築し、全員が1年間の共同生活を送るというユニークな制度も導入された。以来、社員の3年離職率はゼロが続き、人材不足に悩む建築業界で注目を集めている。

2023年には「ひとづくり寮」のノウハウを生かした新事業として、「ひと」に関する課題を解決する社員寮建設ソリューションブランド「HuePLUS（ヒュープラス）」が立ち上がった。

「今後、食品工場、倉庫に続く第3の柱として育てていく予定です。嬉しいのは、新しい事業が完全に社員の発案からボトムアップで実現したことです」と、森本は顔をほころばせる。

会社としての強みを見定め、強みとともに人を育て、そこから新たな強みが生まれ、永続のパワーになっていく。真摯に「ひとづくり」に取り組んできた成果として、第2創業期の踊り場を脱し、次なる成長期に進んだ証といえるだろう。

「ゼネコンは社会のインフラを支える技術者集団であり、一種の社会の公器です。これからも社員一人ひとりの成長を目的としながら研鑽を積み、事業を永続させたいと思っています」

Profile

森本 尚孝（もりもと ひさのり）

1971年、京都出身。大阪大学工学部建築工学科卒、同大学院修了。大手ゼネコン勤務を経て、2001年に三和建設入社。常務取締役、専務取締役を歴任後、2008年代表取締役社長に就任。

三和建設株式会社

〒532-0013
大阪市淀川区木川西2-2-5
☎06-6301-6636
創立：1947（昭和22）年
事業内容：建設工事・開発・環境整備等の企画・設計・コンサルティング
https://www.sgc-web.co.jp/

創業79年

近藤ニット

つくり手・社員・顧客の共感が織りなす瀟洒《しょうしゃ》な世界観 美しさ、心地よさを身にまとう山梨発アパレルブランド

代表取締役社長 近藤 和也

中国からの廉価品が市場を席巻し、国内ではファストファッションが台頭。かつて一時代を築いた山梨県のニット産業は、1990年前後をピークに下降に転じ、事業者は「中国に進出してOEM事業を続けるか、自社ブランドを立ち上げるか」の究極の二択を迫られた。この大きな転換期に、かねてから〝脱下請け〟を模索していた近藤ニットは後者を選択。つくり手の内発的な感性を大切に、リピート率8割にも上る強いブランドを構築している。

「自分が本当に着たい服、心地よいと思うものをつくったら、もしかしたらほかの誰かも着たいと感じてくれるかもしれない。そうやって広がっていくほうがいいんじゃないかな」

近藤ニットが初の自社ブランド「evam eva」を立ちあげた時、大切にしたのは自然体で等

身大な、そんなシンプルな発想だった。「しっかりターゲット設定をして、マーケティングをして。そんな意見もありましたが、私たちにとって小売りは未知の世界。工場でのモノづくりの経験しかありません。中途半端に理論武装してもうまくいかないなと。であれば、もっと自分たちらしさを押し出していこうと考えたのです」

そう語るのは、3代目社長の近藤和也。2代目の長女でありデザイナーを務める妻の近藤尚子とともに、大きな事業転換に挑んだ時の思いを振り返る。

その姿勢は、消費者にしっかりと受け止められた。つくり手の思いに共感したものがコアなファンとなり、あるいは入社して売り手として魅力を伝え、三者三様の感性が溶け合うなかで「evam eva」らしい世界感が築かれ、ブランドイメージが浸透していったのだ。

直営店にこだわったのは、その世界観に直接触れて感じとってもらうことができるから。セールを一切行わないのは、お客さまのブランドへの期待を損なわないように。そして「一見すると違いがよくわからないくらいのデザイン変更」に抑えているのも、時を経ても古さを感じさせることなく、「お客さまのワードローブのなかで『evam eva』の世界観が重なり合い広がっていく楽しみ」を感じてほしいからだ。

派手さこそないが、こういった一つひとつの丁寧な取り組みによって根強いファンが増え、激変する社会環境のなかでも、同社は安定した売上げを確保している。

同郷で旧知の二人が結婚し、事業を継承。自社ブランド立ち上げに挑む

明治初期に全国でも屈指の県営器械製糸工場が建てられるなど、山梨県は生糸生産の盛んな地域だった。創業者の近藤高廣も当初は座繰製糸[*1]を手がけており、終戦直後の1945年、東京から疎開してきた親類筋の職人を受け入れニット事業に着手する。問屋を通じて首都圏向け、あるいは外貨獲得の手段となった輸出用に子ども用ニットなどを生産していた。

その後、山梨県一帯はニット需要の高まりを受けて企業の参入が相次ぎ、地場産業として発展。最盛期は県内に500ほどのニット事業者がいたという。

しかし他のアパレル産業同様に、1990年前後から中国製品の台頭などにより市場は一気に縮小していく。近藤が同社に加わったのは、そんなタイミングだった。近藤と尚子は同郷で旧知の間柄。それぞれ東京で仕事をしていたが、同じころ山梨に戻り今後を語り合うなかで、結婚して後を継ぐことになったのだ。「ただ先代からは、従来の業態にこだわる必要がないといっていただき、その点はとてもありがたかったです」と当時を振り返る。

実父も機械関係の製造業を手がけ、下請けの厳しさを常々聞かされてきた近藤は、OEM事業には生きづらさを感じ、「中国に拠点を移しても、今の成長ぶりを見ているとすぐにもっと賃金の安い国に行かざるを得なくなる」と考え、自社ブランドに挑戦することを決めた。

＊1　歯車仕掛けの木製の簡単な繰糸の道具「座繰器」を用いた製糸方法

（左上）山梨県西八代郡の本社工場。国内でのモノづくりにこだわり続ける。（右上）松屋銀座内「evam eva 銀座店」。現在、全国に18店舗を展開。（左下）ブランドコンセプトを体現する「evam eva yamanashi」のエントランス（長屋門）

「evam eva」を立ち上げたのは2000年。当初はデザインを外部に委託していたが、「これではいわれたままにつくるOEMと何も変わらない」と尚子をデザイナーとして前面に出し、さらに「私たちが着てほしいと思う方々をお客さんに持った販売店に絞って、招待制で展示会をするようになって」大きく流れが変わった。

2006年には、東京・青山に直営一号店をオープン。多彩な商品を〝面〟で見せることで、世界観がより伝えやすくなった。コンセプトは「日々の暮らしを心地よく」。素材にこだわり、ディテールを削ぎ取ったシンプルで程よく力の抜けたシルエットが特徴だ。「美しさや心地よさを、身にまとえる形にしたファッション」は、日ごろからハイブランドや高品質なものを求める層の、普段着づかいの一つとして愛されているという。

企画・デザイン、製造、販売から回収まで、あらゆる内製化が強さを生む

近藤夫妻が入社した時、何よりも力を入れたのは技術力を身に付けることだった。ＣＡＤの扱いから機械の操作・修理などモノづくりにかかわるすべてを5年間。何が出来て何が出来ないかがその場で即断できるなど、商談を進める上で非常に大きな意義があったという。

このような現場への深い理解を起点に、事業の内製化にもこだわり続けた。企画・デザイン、製造、販売から卸事業の回収業務まで。ニットだけでなくシャツやパンツの縫製まで。その結果、「evam eva」の世界観を保ち、品ぞろえを増やし、スピーディーな納品体制を確立し、財務を安定させる。同社の強さの基盤が形づくられていったのだ。

「製造できる数量に制約があり流行に乗ることはできませんが、市場環境や売れ行きを見ながら機動的に製造を止めたり再開できるのが大きな強みです。コロナ禍では、この一連の業務体制が非常に有利に働きました」と近藤は語る。さらに「売り消し表」と呼ぶ、店舗ごと・品番ごとの売れ行きが一目でわかる巨大なシートが、商品の動きを可視化。「シーズン内に9割の商品は売り切る」という、驚くべき販売効率を実現している。

そして、これらの人気を支えてきたのが、「evam eva」の世界観に惚れ込み、ホスピタリティ精神溢れる販売員の存在だ。この人材力の高さも同社の大きな強みとなる。

２０１７年、同社は山梨県中央市に「evam eva yamanashi」をオープンした。敷地約１０００坪のなかにショップ、レストラン、ギャラリーを併設。日々の生活を彩る「もの」や「こと」そして〝とき〟を分かち合う、未来へのメッセージが溢れる場になっている。

「ここではお客さまはもちろん、地元の方々や社員のみんなとも世界観を共有する場をつくりたかった」と近藤はいう。同社がこだわってきた〝日本でのモノづくり〟が、しっかり将来に受け継がれるように。意欲的な若者を受け入れ、熟練の技術者をつなぎ、人や技術が育っていくように。「モノづくりの循環」を高めていくことが、同社の次なる使命だ。

Profile

近藤 和也（こんどう かずや）

1969年、山梨県出身。西オレゴン州立大学卒。東京での広告代理店勤務後、故郷山梨に戻り1996年に近藤ニット入社。2代目の長女との結婚を経て、2013年に代表取締役就任。

近藤ニット株式会社

〒409-3601
山梨県西八代郡市川三郷町市川大門76-1
☎055-272-5100
創業：1945（昭和20）年
事業内容：アパレル事業。自社ブランド「evam eva」企画・製造・販売
https://evameva.jp/

創業51年

髙野商運グループ

「物流業界で働きたい」の裾野を広げる環境づくりに注力 栃木県を本拠に地域との共生を進める総合物流グループ

代表取締役社長 髙野 和久

ドライバーという仕事に誇りを持てるように、ドライバーになりたいと思う人が増えるように。あるいは地域の暮らしを支え、産業を活性化させるために。髙野商運グループが追求し続けてきたのは、〝雇用〟を軸とする幸せの相乗、社会と共生する関係づくりだ。共同配送や物流センター事業、特殊輸送、ラストワンマイル配送など幅広く物流事業を手がけるとともに、近年は農業にも注力。さらに地域の高齢化の課題解決につながる新事業の構想を描いている。

「1個の荷物の価値」という言葉を、髙野商運グループ代表の髙野和久は繰り返し口にする。「単価が高い仕事ならどの運送会社も受けたいし、それをいわれた通りに運ぶだけならどの会社でもできます。そこに企業の個性や差別化戦略はありません。しかし100円単位の仕事であっても、数千、数万と集まれば総額は大きなものになります。結局のところ、しっかり小銭を集め切れるかどうかが企業の強さであり、想像以上にそれができる企業は少ないのです」

そう語る髙野は、トラックの荷台が遊び場という幼少期を過ごし、佐川急便に就職して現場の経験を積んだあとは、自力で物流会社を立ち上げた。「将来的に髙野商運を買収できるくらいの会社に育ててみせる」と鼻息を荒く、親とは別の道を選んだ。

しかし、同社の窮地を人づてに聞き、さらに父の髙野則夫から要請を受けて、1996年に家業に戻る決断をする。豪傑タイプの創業者のもと、栃木県下ではトップクラスの地場運送会社となったが、バブル崩壊とともにワンマン経営のほころびが見えてきたころだった。

新規営業の強化、共同配送への着手で企業文化を一気に改革

「入社早々愕然としました。社内に覇気がなく、仕事に対する思いもない。物流会社として何の特徴もなく、2次請け・3次請けの仕事に甘んじている。営業をするという発想すらなかった。差別化を図る武器が欲しい、自社のブランドを創り上げたいと強く思いました」

そこで、父にこう宣言する。「これから3年間、事務所には入らない。トラックに乗ってドサ回りしてくるから黙って見てろ」と。そして、配送ルートを回りながら顔なじみを増やし、機会あるごとに「何か仕事があったらください」と声をかけ続けた。

その成果はほどなく現れ、周りはざわついた。なぜそんなに仕事を取ってくることができるのかと。さらに共同配送を成功に導いたことで、社内の空気は一変した。

「このころの運送会社は、企業ごとブランドごとに単独で車を手配することが普通でした。しかし小ロット化・多頻度配送が進み、貸切りでは効率が悪くなることが増え、であれば共同配送に挑戦してみようと。まずはホームセンターに目を付けました」

関東圏およそ1600カ所のホームセンターを、現在の常務と二人三脚で回り、搬入動線や納品口の使われ方などを一つひとつ調査。より効率的な配送マニュアルを独自に作成し、「私たちに任せていただければ、これだけコストが下がります。搬入搬出もスムーズになります」と提案。社内ではその受け皿として、300坪の倉庫を新設した。当時は、配送センターの前にトラックが大渋滞し、業務が遅延する状況が当たり前にあり、荷主・ホームセンターともに大きなメリットがあるこの提案は大きな支持を得て、取引先は次々に増えていった。

「実現できた要因は、関東圏を網羅する幹線物流を持ち、集荷から配送までをワンストップで運用可能な基盤があったから。共同配送の成功をもとに、その総合力はさらに磨かれ、一方で、『1個の荷物の価値』に対する社内の理解が、着実に浸透していくことになりました」

並行して、ロゴを旧態依然とした漢字の書体から、アルファベットの「TAKANO」に変更。父からは「チンドン屋か!?」と驚かれるような、派手なカラーリングのトラックも導入し、

（左上）創業メンバーの集合写真。右から３人目が創業者の髙野則夫。前列右が現・社長の髙野和久。（右上）栃木県矢板市の物流センター全貌。建物内には託児所を設置。（左下）創業50周年を記念したラッピングトラック

若々しい企業イメージを打ち出していった。

また２００９年の髙野総合運輸、さくら流通をはじめ、子会社を次々に設立。Ｍ＆Ａによる入舟物流サービスを含めて、現在、物流系６社、農業法人１社のグループ網を形成している。

そのなかで近年とみに注目を集めているのが、２０１７年に設立したロジサポートだ。オフィス用品を中心に地域のラストワンマイル配送を担っており、実はドライバーはほとんどが女性だ。

「ドライバー不足は業界の長年の懸案ですが、限られたパイを奪い合っていては発展がありません。今までドライバーになろうと考えていなかった層にアプローチして、裾野を広げていくことが重要だと考えています」

そこで髙野は、トラックメーカーの協力のもと普通免許で運転可能な独自仕様のトラックを開発

し、求職のハードルを下げた。さらに男性と同等に稼げる給与体系にし、生活スタイルに合わせた勤務を可能にしたことで、予定の30名を大幅に超える70名の応募があったという。並行して社内に託児所や保育園も設置し、女性が活躍できる会社として評価を高めていった。

一方、ロジサポートは高齢化が進む地域社会のインフラとなる使命を背負った会社でもある。公共交通網が縮小していくなかで、食品や日用品、医薬品の買い物代行など、高齢者の足代わりとなるネットワークをどうつくっていくか、地域や自治体などとの調整を進めている。

単なるドライバーではなく、〝成長企業の社員〟として評価される環境をつくる

高野は社長に就任した直後、取引先の銀行を回り直談判をした経験がある。「トラックの運転手というだけで住宅ローンの審査が通らないのが当たり前のころでした。でも、会社の最近の安定した業績の伸びを見てくれと、その会社で働く〝社員〟として判断してくれと。粘り強く交渉した結果、10年の勤務実績があったら審査を通すという確約を取り付けました」

この事例のように、ドライバーがプライドを持って働ける環境づくりは高野の永遠のテーマだ。一方、福利厚生の充実や社内コミュニケーションの活性化にも力を入れ、年に4回の社内報の発行、ゴルフ、野球、釣りなど多彩な社内サークルや社内イベントの実施、社員寮や社員食堂の設置など、いずれの取り組みも本格的だ。社員食堂ではグループの農業法人が収穫した

米や野菜をふんだんに取り入れたメニューを提供し、非常に好評だという。

この農業法人は社員の再々雇用の受け皿でもあり、デイサービス事業などの構想も持つ。これらはいずれも「人生のすべてを受け止めていきたい」という髙野の熱い思いが根底にある。

「社長就任から10年強、売上げも保有車両台数も4倍ほどになり、当初描いていた構想通りの成長を続けることができました。この激動の時代を、私を信じてともに戦ってくれた仲間には心から感謝しています。そして今後10年20年と闘う準備も整ってきました。これからどんな可能性を社会に発信していけるか、ぜひ私たちのこれからの展開に期待してください」

Profile

髙野 和久（たかの かずひさ）

1969年、栃木県出身。佐川急便勤務を経て独立、物流会社を立ち上げる。1996年に髙野商運入社。2012年に代表取締役社長就任。

髙野商運グループ

〒329-1321
栃木県さくら市馬場132-1
☎028-682-2110（株式会社髙野商運）
創業：1973（昭和48）年
事業内容：栃木県を地盤とした総合物流グループ
https://www.takanogroup.net

創業137年

秋葉牧場ホールディングス

牧場施設から飼育方法までグローバル基準の酪農を実現 国内の6次化モデルを基盤に海外での新市場創造に挑む

代表取締役社長 秋葉 秀威

創業者の秋葉せいが2頭の牛を手に引いて、千葉県の市原から東京都江東区へと居を移し、搾乳事業を立ち上げたのが1887年。それから6世代7代の年月を経て、小さな牧場は敷地面積およそ30ヘクタール、搾乳から乳製品の製造・販売、観光牧場の運営までを手がける国内屈指の酪農事業者へと進化を遂げた。直近ではアニマルウェルフェアへの注力や、海外の牧場や企業などとの連携を深め、グローバル市場を見据えた乳業の新たな商流を構築中だ。

「『常に牛をそばに置きなさい』と、父（5代目）からは繰り返し教えられてきました。その言葉にはさまざまな思いが込められていたはずですが、なによりも『酪農業は日々の積み重ねの成果』であるということ。ゆったりとした牛の歩みのように、環境の変化に流されることなく自分のペースで経営を続けていく大切さを伝えたかったのではないかと受け止めています」。そう振り返るのは、秋葉牧場ホールディングス7代目の秋葉秀威だ。

ビジネス面でも、その言葉が持つ意味は大きいという。同社の事業は、ヨーグルト、チーズ、アイスクリームなどの製造や直営店の展開、観光牧場「成田ゆめ牧場」の運営など多岐にわたるが、これら6次化事業の成功も搾乳事業という基盤があるからだ。顧客の声をもとに牛の種類や餌選びまで遡って商品開発ができることは、事業展開において強固な武器となる。

「酪農関係者や新規取引先の方々にお越しいただいた時も、牛やその飼育環境を肌で感じられる場所があることは、その後の商談における説得力が上がります。観光牧場として常日ごろから〝間近に牛がいる環境〟を提供していることが、その優位性に一役買っているのです」

「成田ゆめ牧場」が時代を超えて愛され続ける理由は、本物に触れ合える価値

「創業者は新天地を求めて牛2頭とともに東京に乗り込み、単身で搾乳専業牧場を立ち上げました。小柄な女性でしたが、男性には負けないという強い根性とバイタリティがあったと聞いています。その溢れる情熱こそが、私たちの創業の精神といえるのではないでしょうか」

その後、4代目まで女系継承が続いた。「搾乳牛は雌のため、取り扱いのきめ細やかさや相性が女性に向いていると代々いわれてきたようです。『娘が後を継いで婿が支える』といった二人

三脚スタイルの経営が、長く会社を支えてきました」

歴史をひも解くと、同社は創業からちょうど50年ごとに大きな転機がある。まずは1937年、事業規模を広げるべく4代目が千葉県八千代市に牧場を移転したこと。そして成田市での牧場開業を経て、1987年に同牧場を観光牧場「成田ゆめ牧場」としてオープンしたことだ。

「乳価は定期的に乱高下を繰り返す傾向にあり、ニュースでも『水より安い牛乳』と話題になっていた時期でした。そのため『搾乳だけでは事業が成り立たない』と5代目が決断したのが観光牧場です。ただその背景として『手塩にかけて育てた牛の生乳からつくる自家製品を広くお届けしたい』と長年抱いていた強い思いが、本質的な原動力にあったといえるでしょう」

観光牧場の開設は、「営業の資質が高かった」6代目（秋葉の母）が全国さまざまな観光施設を飛び回り、食事・お土産・エンターテインメントの3つの軸から、独自のコンセプトをつくり上げていった。「立ち上げ時はそれほど期待値も高くなく、用意した駐車場は50台ほど。それでもオープン最初の日曜日の来場者が900人ほどと予想を大幅に超え、しっかりとした手応えを感じることができました」

その後、首都圏中央連絡自動車道が開通し、すぐ近くにインターチェンジが設置されたこともあって集客力はさらに向上。現在では、年間およそ30万人が訪れる人気施設となっている。

時代を超えて愛され続ける理由について、秋葉は〝本物に触れる価値〟が大きいのではない

（左上）昭和初期の秋葉牧場（東京都江東区砂町）。（右上）牛をかたどったインパクト抜群のキッチンカー「ゆめこちゃん」。（左下）個別管理から群管理に変え、1頭当たりのスペースも倍増した「成田ゆめ牧場」新牛舎

かと語る。「牛の乳搾り教室、エサあげ体験など、私たちは動物と触れ合える場所を積極的につくっており、そのなかで子どもたちは、自然の神秘や生命の素晴らしさに気づく経験ができます。そして、牛乳やアイスクリーム、ヨーグルトなど、この牧場から生まれた〝本物の味〟を体感でき、生きるということの原体験に立ち返る機会になっているのではないでしょうか」

オートキャンプ場あり、トロッコ列車ありと、多彩な楽しみ方がある同施設だが、なかでも注目度が高いロングセラー企画が、「全国穴掘り大会」だ。制限時間内にどれだけ深い穴を掘れるかを競う非常にシンプルな企画だが、誰でも気軽に参加できること、一方で土木関係、建設業などのプロが活躍できる場としてもスポットが当たり、すでに開催は22回目[*1]に上るという。

＊1　2020年2月の第20回開催において、「単一の穴掘りチャンピオンシップに参加した最多人数」でギネス世界記録に認定される

独自の6次化モデルと137年の歴史が、グローバル展開の大きな武器に

「高校時代から会社を継ぐことを意識していた」という秋葉は、早くからそのためのキャリア形成を逆算して考えてきたという。興味深いのは、このころからすでに「日本の酪農事業も、今後は世界が舞台になる」と考え、グローバルでの経験を積極的に増やしてきたことだ。

２０１３年、31歳で入社すると〝1人だけ〟の経営企画室を設置し、能動的なアクションやアイデアが生まれやすい企業文化への転換を目指した。のちに同社の看板となるキッチンカー「ゆめこちゃん」も、これらの成果として社内の発案から生まれたものだという。

社長就任は、２０１８年7月。改革の第一歩として２０２０年に企業グループのホールディングス化を実施し、事業部制による採算の明確化、勤務形態別の組織づくりなどを進めた。

翌年には、それまでの搾乳頭数の数倍もの規模になる新牛舎[*2]を新設。1頭ずつつないで飼育する個別管理から、パドックに放牧する群管理に変え、1頭当たりのスペースも倍増。まぶしさの軽減、暑さ対策、通気性などにもこだわり「アニマルウェルフェア[*3]」の精神に基づいた牧場運営へと進化させた。さらに、メタンガスの排出量を低減[*4]する改善飼料の投入、環境にやさしい土づくりなど、脱炭素、ＳＤＧｓなど時代のニーズに応える取り組みを加速。外資系ホテルなど、グローバル基準での環境対策を求める企業から問い合わせが増えているという。

＊2　現在の搾乳頭数は200頭。子牛や老牛などを含めると300頭ほど
＊3　家畜を快適な環境下で飼養することにより、家畜のストレスや疾病を減らす取り組み
＊4　牛のゲップによるメタンガスの排出が、地球温暖化の要因の一つといわれている

退潮が続く日本の酪農業界だが、だからこそ質・量を兼ね備えた同社への期待は大きいといえる。特に海外を舞台にした市場構築が、次なるキーワードになるだろう。

「例えばインドの牧場に日本の酪農技術を導入すると、生産性は数倍になるとみられています。このようにグローバルの単位で協働し、成長をともにできるような関係を広げていくことが今後のテーマです。その時、搾乳・製造・販売・観光と多くの入り口を持つ私たちの6次化モデルがハブとなり、137年の歴史がその信頼の裏付けとなるはず。これらの強みを生かしながら、『まだ見たことのない景色』を社員みんなとつくり上げていきたいと考えています」

Profile

秋葉 秀威（あきば ひでたけ）

1981年、千葉県出身。成蹊大学卒。印刷会社、大手テーマパーク勤務後、英国バーミンガム大学ビジネススクールでMBA取得。スイスのホテルマネジメントスクールを経て、2013年に秋葉牧場入社。2018年7月、代表取締役社長就任。

株式会社秋葉牧場ホールディングス
〒276-0049
千葉県八千代市緑が丘2-2-10
☎047-480-0720
創業：1887（明治20）年
事業内容：酪農業、製造業、観光業、飲食店業などを手がけるグループ会社の事業管理
https://akibabokujo-hd.com/

創業40年

青木松風庵

代表取締役社長　青木　一郎

夫婦、兄妹の二人三脚で〝美味しい〟をリレーでつなぎ「月化粧」を、日本を代表するお菓子に成長させる

みるく饅頭「月化粧」――と聞くだけで、CMソングを口ずさんでしまう関西人は多いはず。ミルクの風味豊かなしっとり生地に、北海道産いんげん豆を使ったなめらかなミルクあんがたっぷり。優しい甘さに一つ二つと手が出る人気商品だ。2010年の発売から14年。現在では年間1800万個を売り上げる定番の大阪土産になっている。今、製造元の青木松風庵では、これをさらに「日本を代表するお菓子」に育てるための挑戦の真っ最中だ。

創業は1984年。現・社長の青木一郎が3歳の時、父・啓一（現・会長）と母・まゆみ（現・副会長）が泉南郡岬町に自宅を兼ねた1号店を開いたことに始まる。創業直後から大阪府南部や和歌山県を中心に精力的に店舗を増やし、生産機能を増強し、販路を広げと、一代でビ

ジネスを大きく成長させた。そう振り返ると非常にアグレッシブな印象だが、幼少期の青木の記憶のなかの父母の姿は、いわゆる「経営者」のイメージからは遠いという。

「そもそもの独立の理由が、美味しいお菓子をお客さまに届けたいから。次々に店舗を増やしていったのも、求める人のもとにより早く出来たてのお菓子を届けたいから、というシンプルな理由でした」と青木は語る。

「美味しいお菓子をつくって、心を込めてもてなせば、商品は売れるし、利益も出る」が創業者の信念であり、その愚直な実践の先に現在がある。創業後すぐに策定された経営理念にも、それはストレートに表現されている。一、おいしいお菓子をつくること、二、お客様を大切にすること、三、仲間とその家族を大切にすること、四、地域社会に貢献すること――。

この指針が戦略として機能したのは、根っから美味しいものを愛する父が創意工夫でお菓子を生み出し、若いころから茶道をたしなんできた母がそれらを丁寧に販売する、という夫婦の個性を生かした「製販分業」と、それをスケールさせる「仕組み化」の賜物だ。

論理的で左脳タイプの父は、お菓子を開発するだけでなく製法の数値化にこだわった。○度の牛乳と○度の卵を室温○度で1分間に○度ずつ上げながら○分加熱する……といった具合にきっちり計算し、誰がやっても失敗しないレシピを作成。機械化やデジタル化も、いち早く取り入れた。製造プロセスから「職人の勘」を排除し、徹底した標準化を進めることで、安定した品質の美味しいお菓子の大量生産を可能にしたのだ。

一方、直感に優れる右脳タイプの母は、お客さまに無料でお茶を出し、ほっと一息つける時間を提供する独自の販売スタイルを生み出した。一期一会のおもてなしを大切にするために、明文化したマニュアルは一切つくらず、理念に共感してくれる人材の採用に力を注ぎ、ＯＪＴで販売スタッフを育成。現在の同社を支える店長の大半は、パートタイマー出身の女性だ。

「深化」と「探索」がバランスよく両立する2×2の事業継承

創業30周年を迎えた２０１４年、この体制がそっくり事業継承された。青木は父から社長を受け継いで製造と財務を管轄、妹の智子が母から専務を受け継いで販売と企画を管轄する新体制が発足したのだ。以降、父は会長、母は副会長としてそれぞれを後方から支援する。

「面白いのが、感性は逆に継承していることです。妹は真面目な父に似てコツコツ型ですし、私は母の血を引く思いつき型です。役割と感性がかけ算されて、本質的な部分を守りながら、新しい試みにチャレンジしやすくなりました」

例えば、同社が死守するこだわりの一つが「お菓子のつくり置きはしない」という方針だ。元日以外は無休で毎朝5時から工場を動かし、その日販売するお菓子をつくる。出来たてのお菓子を積んだトラックを１日３便走らせることで、店頭には常に新鮮な商品が並ぶ。

（左上）青木松風庵の第一号店「深日店」外観（大阪府泉南郡岬町）。（右上）年間1800万個を売り上げる看板商品「みるく饅頭 月化粧」。（左下）製造工程を見学でき、焼きたて月化粧も食べられる、南大阪の観光名所「月化粧ファクトリー」

「そのぶん、閑散期にはガラガラのトラックが走ることになります。『そんなのムダだから、まとめてつくって1便で運んだほうが効率がいい』というご意見はいただくのですが、美味しさが犠牲になるなら効率なんて何の意味もありません」

何を守り、何を変えるか。この意思決定に際して社内では必ず「それで美味しくなるの？」「それでお客さまは喜ぶの？」という問いが投げかけられるという。トラックの便を減らせば美味しくなるか？　お客さまは喜ぶか？　答えが「ノー」なら、決して採用されることはない。

一方、答えが「イエス」ならば変革や挑戦をいとわない。現在の主力商品「月化粧」も、「美味しいお菓子をもっとたくさんの人に届けたい」という会長の強い思いを原動力に、土産菓子という新しい領域にチャレンジしたものだ。

「土産菓子では万人受けする美味しさと日持ちを両立させなくてはいけません。会長は良質な素材を惜しみなく投入し、賞味期間60日のレシピをつくり上げました。地元密着のそれまでの商売とは違って知名度も必要ですから、2013年からテレビCMも始めました。当時の利益1・5億円の3分の2にあたる1億円を、広告費として思い切って投下しています」

「月化粧ファクトリー」を拠点に、大阪から全国、そして世界へ

こうして育ててきた「月化粧」という柱を、さらに大きく成長させるのが青木の役割だ。

「私が33歳で社長に就いた時は『早すぎる』と周囲に驚かれましたが、今振り返っても最高のタイミングでした。会長も副会長もまだまだ元気ですから、経営の一線から退くことで、『美味しさ』と『おもてなし』の社内に継承する役割をしっかり担ってもらえましたし、私は私でこれまで手薄だった広報や拡販戦略に注力できるようになりました。すごいのは、形だけでなく、持ち株もすべて手放して完全に経営のバトンを渡し切ってくれたことです。おかげで、社内の指揮系統も混乱することなく、きれいに新体制に移行できました」

青木らしい「攻め」の動きを象徴するのが、月化粧の発売10周年の2020年に新設した「月化粧ファクトリー」だ。ガラス越しに製造工程が見学でき、焼きたての月化粧も味わえるとあって、遠方からの団体客にも人気の観光スポットになっている。

大阪マラソンへの企業協賛や地元の学校給食への寄付などを通じて、実食の機会を積極的に創出したり、京都福寿園とコラボした「伊右衛門月化粧」を開発するなど、より幅広い層へ訴求するための外部連携も推進。さらに今後は、インバウンド客を見越した拡販や、海外輸出にも力を入れていくという。

「全国的な知名度はまだまだですし、関西でも『名前は知っているけど食べたことがない』という人が多いため、伸びしろは十分にあります。北海道の『白い恋人』や浜松の『うなぎパイ』のように、永年愛される日本を代表するお菓子に育てていきたいと思います」

Profile

青木 一郎（あおき いちろう）

1980年、大阪府出身。2005年近畿大学理工学部卒。同年、青木松風庵に取締役として入社。ハタダへ出向。2009年、天平庵常務取締役に就任。2014年、青木松風庵・天平庵代表取締役社長就任。2017年、青木ホールディングス代表取締役社長就任。

株式会社青木松風庵

〒599-0303

大阪府泉南郡岬町深日1542-2

☎072-492-2525

創業：1984（昭和59）年

事業内容：「月化粧」に代表される和菓子・洋菓子の製造及び販売

https://www.shofuan.co.jp/

創業72年

昭和製作所

「研究者の手伝いになる仕事がしたい」が創業の原点 〝試験片〟を通じて日本のモノづくりの第一歩を支える

代表取締役社長 舟久保 利和

「モノづくりの〝最初の一滴〟から〝最後の砦〟まで」をコンセプトに、材料試験片や超音波探傷用試験片などと称される〝試験片〟に特化して、70年を超える歴史を積み重ねてきた昭和製作所。メーカーから依頼される素材、形状、用途、試験の手法はそれぞれに異なり、試験片はすべて一点もの。マーケットとしては非常にニッチだが、だからこそ同社の技術力に寄せられる信頼は高く、その強みを生かしてさらなる新境地に挑もうとしている。

「新しい製品を開発したい。そのためにこの素材を使ってみたい。しかし、必要とする強度や精度に合致しているのか。求める性能を引き出せる水準にあるのかどうか」

そんな現場のニーズに応えるのが、材料試験片だ。試験後は破壊され、完成した製品内に組み込まれることはないが、まさに製造工程の起点であり、安全安心・高性能をつかさどる根源の部分。それゆえに昭和製作所の3代目社長である舟久保利和は、この事業を「モノづくりの〝最初の一滴〟」と表現する。

試験の例として挙げられるのは、引張強度や疲労限界（素材が破壊する限度）、衝撃に対する靭性、腐食耐性など。鉄・ステンレス・アルミ・マグネシウム・銅・チタン・インコネルなどの金属類から樹脂・CFRPまで、対応可能な素材は非常に幅広く、提供された部材から要望に合わせて試験片を切り出していく〝見えない品質〟への追求が同社の強みだ。

「私たちに求められるのは、何よりも試験の結果が正しく出るかどうかです。加工中の熱や応力・歪みなどによって元の素材の特性を変えてしまったら、試験片の意味を成しません。そのための適切な加工手順は仕様書に表せるものではなく、これを〝見えない品質〟と呼んでいます。一方、その〝見えづらさ〟は、お客さまにとっても同じです。そこで大切なのが信頼関係であり、受け継がれた70年を超える歴史が大きな意味を持つと考えています」

もう一つ、同社の事業の柱に超音波探傷用試験片がある。こちらは、超音波を用いて材料や構造物内部の欠陥検出などを行う際に用いる試験片で、主に製品の完成後に必要とされるもの。舟久保の言葉を借りれば、それはモノづくりの〝最後の砦〟であり、入り口と出口の両面から製品の信頼を支えることが同社が担うべき使命となっている。

歴史がある会社の3代目として生まれるのは運命的なこと

創業者の舟久保利作は静岡県に生まれ、東京工業大学で金属工学を学び、大手特殊鋼会社に入社した。研究者として特殊鋼の標準仕様をつくる仕事に従事し、第二次世界大戦のさなかには全国の製鉄所を回っていたという。このころから、利作にとって試験片は人生をかける仕事となり、1952年に周りから請われるような形で独立を果たした。

この時の「研究者の皆さんのお手伝いになるような仕事をしたい」という創業者の思いが今も同社のモノづくり文化の底流にある、と舟久保は語る。

当初は下請け中心の経営だったが、大手重電メーカーからの依頼で耐熱鋼の試験片づくりで成果を収めたことが大きな転換点になった。「この時につくり上げたタービン用止めピンは、長期にわたって高い耐久性が求められる重要な部品ですが、当社の提示した製造方法が採用され、その後50年以上にわたり使われるなかで、私たちの評価が高まっていったのです」

現在の主たる取引先は、自動車メーカー、造船、航空、重電関係や発電所など。高い精度と性能が求められる領域で、いずれも試験片が果たす役割は大きい。一方、試験片で培ってきたモノづくりの技術は、超音波医療メスの特殊加工など異分野での商品開発にも生かされており、今あらためて舟久保の手によって新たな可能性を見出そうとしている。

（左上）創業者の舟久保利作、1962年ころ。（右上）下町ボブスレーネットワークプロジェクト推進委員会の2代目委員長を務める。（左下）材料試験片ならびに超音波探傷用試験片の形状イメージ

「子どものころから、後を継げといわれたことはなく、自分自身もそのつもりはなかった」と振り返る舟久保が、それでも家業を継ぐことを決めたのは、「歴史がある会社の3代目として生まれるのは運命的なことであり、そのことをもっと前向きに捉えたほうがいい」と気づいたこと。そして、自ら父に頭を下げて入社させてもらった。２００６年のことだ。

バブル期も本業からブレることなく、堅実な歩みを見せていた同社だったが、リーマンショック以降は業績が下降。東日本大震災の余波で、債務超過に陥るまでに大きなダメージを受ける。

その立て直しを図るべく、２０１３年に舟久保が社長に就任。最優先に考えたのは「組織風土を変えること」、そして「社員全員の全人格と本気で向き合うこと」だった。

さらなる未来を見据えて、現業を最大限広げ自社製品をつくる

「自分がいて相手がいて、周りに仲間がいて、みんなが喜びに満ちている状態こそが幸せであり、その幸せが瞬間的なものではなく、継続的なものにする。そういう前向きな変化を生み出していける会社にしたい。当社にいるからこそ気づける幸せがたくさんあってほしい」

そう考えた舟久保は、その起点が「成長」にあると考え、「喜びと成長」という言葉を理念として示した。新卒採用に着手し、社内の対話を増やし、文字通り社員一人ひとりと本気で向き合った。研修においても業務やマナーだけでなく、介護や資産運用などを学ぶ機会があるのも特徴的で、人生のすべてを受け入れていこうという姿勢がここにも顕著に溢れている。

一方、事業面では大きく3つの方向性を示した。従来の〝試験片を使った試験〟がなくなることはないにせよ、シミュレーションソフトなどに置き換わる部分も増えており、事業の深掘りや水平展開の必然性を感じていたからだ。

その1つ目はQCDをしっかり回し、業務の精度をさらに上げていくこと。2つ目は試験片事業のもう一歩上流（シミュレーション）から下流（試験）まで、業務の裾野拡大や内製化を進めること。そして3つ目が、自社のオリジナル製品を増やしていくことだ。

同社の本拠は優れた町工場の宝庫である東京都大田区にあり、足りないものを補い合える関

係は大きな強みになる。メッキ作業や熱処理などの特殊処理は専門会社に任せ、自社の強みに特化することができるからだ。「下町ボブスレー」の取り組みは、大田区の企業連携の最たるものだが、同社内においても、遊技機用の工具やチョコレートを切るための特殊なカッターなど、ニッチながらも独創的な製品の開発が進んでいるという。

さらにその先に舟久保が描いているのは、モノづくり企業だからこそ可能な町づくり、地域貢献につながるサービスの可能性だ。「研究者のお手伝い」を原点とする同社の事業は、さらに多くの人の幸せを生みだす、次なるステージに進もうとしている。

Profile

舟久保 利和（ふなくぼ としかず）

1979年、神奈川県出身。順天堂大学卒。米国での2年間の留学を経て、2006年に昭和製作所入社。2013年、代表取締役社長就任。

株式会社昭和製作所

〒143-0015

東京都大田区大森西2-17-8

☎03-3764-1621

創業：1952（昭和27）年

事業内容：金属材料を中心とした材料試験片・超音波深傷用試験片・試作部品の製作

https://showa-ss.jp/

創業96年

ヒロタグループ（廣田商事）

付加価値の高い魅力的な施設やサービスを通じて「ひとが輝き・まちが輝く」活気ある福岡の街づくりに貢献

代表取締役　廣田　稔

創業者は長崎県五島を基地とする底曳網漁業。福岡市に本拠を移した後、2代目は不動産事業に着手。3代目はこれらの歴史と地盤を受け継ぎ、インキュベーション施設や新たなライフスタイルを提唱する賃貸マンションを立ち上げるなど、より高い付加価値を創造する不動産会社へと業容の進化を図った。目指してきたのは、福岡という魅力ある街の可能性をインキュベートし、成長をともにする、かけがえのない企業であり続けることだ。

新興ベンチャー企業向けの新しい株式市場として、東証マザーズが誕生したのが1999年11月。[*1]「ビットバレー」が時代の象徴として繰り返しメディアの話題になるなど、このころから日本でも、起業家やベンチャー企業といった存在にスポットが当たり始めた。

＊1　翌2000年には、大阪証券取引所に「ナスダック・ジャパン」、福岡証券取引所に「Q-Board」が新設された

そんな黎明期から、時代に先駆けてインキュベーション施設を立ち上げた企業が福岡にある。1928年に創業した、老舗不動産会社のヒロタグループだ。

2000年7月、舞台は福岡市天神にある築15年の自社ビルだった。「このエリアは、若い人たちに人気がある福岡を代表する繁華街の一つです。このビルに福岡のベンチャー企業が集まり、街とともに成長していけるような大きなうねりをつくり出す起点にしたい。そんな期待を持って、インキュベーションビルディング『ibb fukuoka』を立ち上げました」と、3代目社長である廣田稔は当時の思いを振り返る。

それから20年強、同社は陰になり日向になり意欲溢れる起業家たちを支え、これまでの累計入居者数は200社超。新規上場を果たした企業は7社にも上り、廣田は「福岡のベンチャーの父」と称されるほどに親しまれ、一目置かれる存在であり続けた。

「米ナスダック日本進出」の新聞記事から、インキュベーション事業に着眼

創業者の廣田善吉は、1903年に徳島県阿南市椿泊町で生を受けた。この地は古くから漁業が盛んで、漁師たちは新たな漁場を求めて九州西部へ出漁することが増えるなかで、やがて長崎県五島に基地を構えるようになった。その一人が善吉だった。

当時の五島は徳島出身の漁師でかなりの活況を見せたが、やがて港湾整備に力を入れていた

福岡市の要請を受け、多くが本拠を移した。善吉も1935年に基地を移転する。「こういった経緯もあり、福岡港周辺の企業には徳島にルーツを持つ会社が多いんです」と廣田は語る。

港町は戦火で焼き尽くされ甚大な被害を受けたものの、1950年に廣田漁業として法人化し、遠洋底曳網漁を軸に事業を拡大。後に廣田水産を設立してイカ釣り漁業や水産加工にも乗り出したが、同時に水産資源の枯渇リスクなど漁業の将来性への危うさも露呈してきた。

一方、遠洋漁業の経営は金融機関からの借り入れに頼ることが多く、担保の有無が問われるようになっていた。これらの理由から、1963年に廣田商事を設立。「漁業一筋に生きてきた」善吉に代わり、当時専務として実務を担っていた2代目の杉雄が中心となって、本格的に不動産事業に着手。水産事業との2つの柱で、新たな可能性を探ることになった。

購入した不動産は、オフィスビル、外食店への建て貸し、駐車場などで運用し、「購入したら保有」を原則にしていた。バブル経済にも踊らされることなく、安定した財務力を堅持し、「今の不動産事業における頼れる基盤になっています」と、廣田は感謝を見せる。

しかし水産事業の退潮は止まらず、1998年に最後まで残った漁船「第18善丸」を売却して完全に撤退。この決断をした杉雄は末期がんが発覚し、翌年息を引き取った。

現・社長の廣田は大学卒業後、証券会社に就職。8年間の勤務を経て、1994年に福岡に戻り同社に入社する。「それまで当社がどんな事業を手がけていたのかよく知らなかった」とい

（左上）1940-50年代ころ、底曳網漁船として活躍した「新生丸」。（右上）ヒロタグループが福岡市内で運営するインキュベーション施設「ibb fukuoka」「ibb Bloom Tenjin」。（左下）新発想の禁煙賃貸マンション「iN SHAPE 大濠」

うが、地元の青年会議所での活動で世界を訪れ、海外から見た日本、国内における福岡を俯瞰する機会が増え、「福岡の街が発展しないと、不動産業は成り立たなくなる。であれば街の活性化に少しでも貢献できる不動産事業者でありたい」と、あるべき未来を考えるようになった。

先代の急逝によって、慌ただしく社長に就任した廣田は、売上げの約3割を占めていた「廣田天神ビル」のテナントが空っぽになるという難題に直面する。その時に目に入ったのが「米ナスダック日本進出」という新聞記事だった。

証券会社で働いた経験から「これから世の中は大きく変わる。大きな流れが起きようとしている」と確信して、すぐに「福岡ベンチャービル構想」と題する1枚の企画書を作成する。それが『ibb fukuoka』立ち上げへの第一歩だった。

老舗のオーナー企業である強みを生かして中長期視点でプロジェクトを推進

「家賃を相場の半額にする、施設内にベンチャー支援の専門家を入れる、必要に応じて出資を行い中長期的な関係を築く。これらの方針をもとに、事業をスタートしました。資金が潤沢にあるわけでもなく、大切にしたのは人と人との関わりでした」

当初は〝目利き〟もままならず、家賃が未回収のままで終わることも少なくなかったが、「継続することが何よりも大事だ」と初志を貫徹。2009年には一定の手応えを得たことで、インキュベーション事業を独立させ、新会社を設立した。

「老舗のオーナー企業であること、自社ビルで運営していることで、私たちの理想が反映しやすく、中長期視点でじっくり支援できる強みがあると感じています。担当者は少数精鋭の専属で、定期的な入れ替わりなどもないため『いつ戻ってきても同じ担当者がいてくれる安心感』があることも、私たちの大きな特徴です」

このようにインキュベーション事業の印象が強い同社だが、廣田の理念を反映した事業はまだまだある。例えば、保育園を併設した子育てを応援する賃貸マンション、音楽活動を支援する防音スタジオ付きの賃貸マンション、居室内はもちろん敷地内のすべてを禁煙にした賃貸マンションなど、独創的かつ付加価値の高い施設づくりは、同社が得意とするところだ。

＊2　廣田商事株式会社の設立（1963年11月15日）から60周年を記念して実施

福岡市は2012年に「スタートアップ都市ふくおか」を宣言し、2014年には「グローバル創業・雇用創出特区の指定も受けている。政令指定都市のなかでも人口増加率のトップを走り、各種メディアでの「地元愛が強い都道府県ランキング」では上位常連だ。さらに高島宗一郎市長のもとさまざまな改革が進行し、アジアの拠点都市としての存在感を高めるべく、「博多コネクティッド」「天神ビッグバン」など大型の再開発も目白押しだ。

同社も2023年11月にホールディングス体制へと移行し、グループとしての経営体制を強化。福岡の街の魅力や活性化に貢献し続けるため、企画・開発力にさらに磨きをかけていく。*2

Profile

廣田 稔（ひろた みのる）

1963年、福岡県出身。福岡大学卒。8年間の証券会社勤務を経て、1994年に廣田商事入社。1999年12月に代表取締役就任。2023年にヒロタグループを設立、代表取締役就任。

株式会社ヒロタグループ（廣田商事）

〒810-0075

福岡市中央区港2-8-25

ibb CORE 港2階

☎092-712-2326

創業：1928（昭和3）年

事業内容：不動産開発管理・賃貸事業、インキュベーション事業

http://www.hirota-shoji.com

創業79年

Cominix

〝圧倒的な競争力〟にこだわり、切削工具の市場を牽引
生産性の向上を通じて「ものづくりの本流」を支える

代表取締役会長　柳川 重昌

高度なものづくりに欠かせない切削工具・耐摩工具の販売を中心に、国内外の製造業の頼れるパートナーとして成長をともにしてきた専門商社。世界を代表するメーカーの商品を幅広く網羅し、品ぞろえは常時10万アイテムにも上る。こだわり続けてきたのは、専門力を生かし提案力を高め、顧客の生産性向上にしっかりとつなげていくこと。〝ものづくり〟という産業の本流から、社会や経済に貢献していくことだ。

「社会に貢献し、社会の発展に寄与してこそ本当の事業である」。Ｃｏｍｉｎｉｘ代表取締役会長の柳川重昌は、この言葉を繰り返し口にする。「そのために私たちは何ができるか、何をすべきか。そう考えた時、やはり日本の産業の〝本流〟であるものづくりの領域で貢献したい。現

場の最前線で、世界を相手にする最先端の仕事をしたい。その思いを強く事業に取り組んできました。この姿勢が、受け継がれてきた私たちのDNAといえるのではないでしょうか」

切削工具とは、金属で自動車や航空機のエンジンなどの部品をつくるため、穴をあける、ねじを切る、表面を削るなど、材料の不要な部分を削り取り、一定の精度の形状につくり上げる工程で使われる刃具のこと。金属製品の成型において不可欠であり、切削工具の品質や精度は、製品の出来上がりの良し悪しにストレートに結びつく。だからこそ柳川は、「日本の中核産業であるものづくり産業の、その根幹にかかわる仕事」としての自負を強く持つ。

注目すべき点は、同社の事業は工具を販売するだけではないことだ。自社のテクニカルセンターを通じて自ら加工の実証実験を行い、現場に入り込んで改善プロセスを洗い出し提案する。「工具を通じてものづくりの生産性を高め、お客さまの利益向上に貢献していこう」とする、販売したその先までを見据えた事業姿勢が、同社の競争力の根幹にある。

経営危機のなか独立経営を維持しようとした決断が、その後の飛躍の基盤に

終戦直後の混乱がまだまだ続く1945年11月、柳川の義理の叔父となる林治平が、個人で立ち上げた機械工具店「中央機械工具商会」が歴史の起点となる。米軍の払い下げで入手したドリルなどの販売を主業にしており、創業時から〝切削工具〟が同社の中心にあった。

1954年、住友電気工業と特約店契約を結んだことが、その後の成長を生む大きな転機となった。同社が注力していた「イゲタロイ」[*1]の拡販を通じて、「初期から超硬工具に特化してきたことは、事業展開において有利に働いた」と柳川は振り返る。

豪放かつ辣腕だった創業者の奮闘で順調に事業を拡大した同社だったが、「昭和40年不況」を機に経営が一気に暗転する。住友電気工業から役員が専務として送り込まれ、傘下に入ることも致し方なしという状況にあったという。しかしこの危機に際し、2代目社長[*2]と柳川の父が資金を出し合って倍額増資を実施。外部からの資本を入れることなく、独立経営を貫いた。

後に3代目を継ぐ柳川が入社したのは、ちょうどこのころだ。「会社を立て直したい」と2代目からの要請を受け、大学卒業とともに参画。わずか22歳ながら会社の将来を託され、住友電気工業から来た専務は入れ替わりに会社を去ることになる。

「オーナー経営を維持しようと決断した先代、それを受け入れて友好な関係を継続いただいた住友電気工業の方々、この時が当社の歴史における最大の分岐点だったと思います。転籍された専務には『ドラッカーの書籍をしっかり読んでおけ』など、たくさんの経営アドバイスもいただきました。感謝の言葉しかありません」

入社直後から柳川は営業の前線を任され、獅子奮迅の活躍ぶりを見せる。「周りの商社が扱う切削工具は、まだ鋼を素材にしたものが中心。超硬工具の能力はそれらを圧倒しており、営業

＊1　1931年に発売。ダイヤモンドに次ぐ硬さと鋼のような強靱さを兼ね備えていた
＊2　2代目は柳川の父の弟

（左上）1980年ころ、大阪工機時代の本社外観。（右上）主力となる切削工具の使用イメージ。（左下）2022年にパーパス「ものづくりに携わるすべての人々に寄り添い、世界に『できる』を生み出す」を策定

すればするだけ成果につながりました」

この時、柳川は「超硬工具を使えば、こんな固い材料も加工できる。生産性も格段に上がる」と説明をして回っており、同社の生産性向上のための提案力は、この当時から無意識のうちに磨かれてきたものといえる。

その後、バブル崩壊を機に市場価格が低迷したことから、柳川は仕入れ先を海外に広げた。

「これまでの半値くらいで提供できるようになって、この時も連戦連勝。圧倒的な競争力を持つことの強さをつくづく実感しました。現在は市場も成熟しており、超硬工具というだけで売れ続ける時代ではありません。しかし今の社員のみんなにもっと成功体験を持ってほしい。ビジネスの醍醐味を知ってほしい。そのための市場開拓や仕組みづくりが今後の大きな課題です」

値引きによる原価低減ではなく、工具が生み出す付加価値で生産性向上を図る

ここであらためて、現在の事業の特徴・優位性を確認すると、まずは圧倒的な商品力が挙げられる。サンドビックグループ、IMCグループ、ケナメタルというビッグスリーをはじめ、切削工具市場の世界シェア約60パーセントをカバーするメーカーと取引をしており、特徴的な商品を持つ専業メーカー十数社と総代理店契約を結んでいることも大きな強みだ。

次は、卸部門と直販部門の双方の流通で販売していることだ。直販を持つことで現場のニーズを的確に捉え、最適な提案を可能にする。卸機能を持つことで取扱高が増え、工具メーカーとの関係を強固にする。「卸部門の営業も、販売した製品がどの会社に流れどう使われているかを常に意識しています。ここまでできる卸会社はなかなかないはずです」と柳川は笑顔を見せる。そして、これらの強みの相乗として「生産性向上に直結する提案力」が鍛えられてきた。

では同社が考える「生産性向上の支援」とは何か、柳川にその本質を聞いた。「メーカーの製造原価に占める工具の割合はせいぜい5パーセント、工具を半値にしても寿命を2倍にしても効果には限りがあります。しかし高性能な工具を使うことで、品質が大きく向上し、生産性が上がれば、商品価値は高まり売上げ向上にもつながります。こちらのほうが企業活動へのインパクトはずっと大きく、私たちはその〝王道〟を重視しています」

＊3　これまでは製罐業界向けに市場を拡大してきた
＊4　世界10カ国、33カ所に拠点を持つ

一方、今後の展開において課題になるのは、自動車産業のＥＶ化の流れだ。同社の切削工具の用途は、エンジンなど駆動周りの重要な自動車部品製造向けの割合が高く、マーケットの減少が余儀なくされるからだ。ただＥＶ化に伴うバッテリー関連向けの耐摩工具[*3]の伸びが期待されるほか、順調に成長が続く海外市場への注力[*4]や、Ｍ＆Ａによる販路拡大の成果も出ており、光ファイバーや工作機械など、既存の商流や提案力を生かした新領域も順調に伸長中だ。

２０２３年には長男の修一が社長に就任し、２名代表による経営をスタート。「ものづくりの本流」を圧倒的な競争力で勝ち抜くための、次なるステージが始まった。

Profile

柳川 重昌（やながわ しげまさ）

1947年、大阪府出身。大阪市立大学（現・大阪公立大学）卒。1969年に大阪工機（現・Cominix）入社。取締役営業部長、専務取締役などを経て、2003年に代表取締役社長就任。2023年6月、代表取締役会長就任。

株式会社Cominix

〒541-0054
大阪市中央区南本町1-8-14
JRE堺筋本町ビル
☎06-7663-8208
創業：1945（昭和20）年
事業内容：切削工具・耐摩工具・精密機械・環境製品・光システム製品の販売及び開発とサポート
https://www.cominix.jp/

美しく華《はな》ひらき、潔いまでに美しく消える惜しみない手間と情熱がつくり出す〝花火〟という芸術

野村花火工業 代表取締役
野村 陽一

色とりどりの煌めく光が美しい弧形《こけい》を描き、大迫力の爆発音が魂を揺さぶる。一つの花火が夜空を彩るのはわずか数秒。その一瞬の美しさ、儚い輝きこそが花火の魅力であり、潔さ・散り際に美学を求める日本人の心を、時代を超えて惹きつけてきた。

その半面、花火づくりには驚くほどの手間と時間がかかる。最後の仕込みにほぼ1日、火薬を配合し星をつくるのに10号玉なら3カ月、花火大会の準備は1年前から始めるという。

そこで今回は、つくり手の立場を通じて花火の魅力と奥深さを探っていく。話をお聞きしたのは、創業から149年の歴史を持つ野村花火工業の野村陽一社長。花火師の最高位となる内閣総理大臣賞を21度受賞し、名実ともに〝日本一の花火師〟として知られる存在だ。

世界に冠たる日本の花火技術は、〝競技大会〟によって磨かれた

日本における花火の歴史は400年ほど前まで遡る。徳川家康、伊達政宗、大友宗麟など、「日本で初めて花火を見た人物」に関しては諸説あるが、17世紀初頭に家康の前で花火が披露されたことを機に、将軍や大名の間で流行し、さらに町民にも広がり、江戸の文化として花開いていった。1733（享保18）年には、日本で初めてとされる打ち上げ花火大会が隅田川で実施され、その人気は一段と盛り上がりを見せた。「たまや〜」「かぎや〜」という打ち上げ時のかけ声は、江戸時代から今に受け継がれてきたものだ。

「世の中に数あるイベントやエンターテインメントのなかで、花火ほど同時に多くの方が楽しめるものは他にないでしょう。大きい大会であれば100万人以上が会場に集まり、同じ感動を共にすることができます」と、野村陽一は花火が日本で愛され続けてきた理由を語る。

「花火にはカタルシス効果がある、ともいわれます。大迫力の光と音に圧倒されて、思考がストップし、感情が解放される。心の洗濯ができるんです。そして花火の輝きが一瞬だからこそ、その一つひとつを心に焼き付けようとする。家族や恋人、友だちと共有するこの時間、そして感動が一生の思い出として残っていく。私たちつくり手も、そういった場を提供できる仕事であることが大きな誇りであり、何よりもの醍醐味だと感じています」

そんなたくさんの魅力を持つ花火、生産量こそ世界市場の9割を中国産が占めるが、〝美しさ〟においては日本が圧倒する。その代表的な存在が「割物」だ。これは幾重《いくえ》もの同心円を描きながら美しく広がるもので、一般的には「菊花火」と呼ばれる。野村は2006年に、実現不可能といわれていた五重芯の花火を世界で初めて成功させ、業界をあっと驚かせた。

日本の技術力の高さの要因として「競技大会の存在が大きい」と野村はいう。競技大会とは全国から選ばれた花火会社が年に一度、それぞれの技を競い合うもので、「全国花火競技大会（秋田県大仙市）」「土浦全国花火競技大会（茨城県土浦市）」の2つが代表的なものだ。[*1]秋田県では明治時代、茨城県では大正時代から実施されており、いずれも歴史はかなり長い。この大会の最高栄誉として与えられるのが「内閣総理大臣賞」だ。

「名誉と威信をかけて競い合うからこそ一生懸命になる。技術に磨きをかけ、新たな花火の開発に挑む。そして1年をかけて大会に臨む。この繰り返しがあったからこそ全体のレベルが上がり、私たちの技術が育てられてきたといっていいでしょう」

「闇夜のカラス」から、研究に研究を重ねて19年をかけてやっと開花

野村花火工業の創業は1875年。現・社長の曽祖父となる野村為重が興したものだ。為重は他にもブドウ園・養蚕を営み、眼科医でもあり、剣術も天真流の免許皆伝を受けるなど、多

＊1　大仙市はかつて大曲市だったことから「大曲の花火」として知られる。茨城県での競技大会は、当初は笠間市で行われていた

（左）常陸大宮市親水公園「五重芯変化菊」、（右）土浦全国花火競技大会「スターマイン」

才で行動力に富んだ人物で、後に新聞小説のモデルにもなった。水戸の地は御三家の一つで、江戸時代から火薬を扱う土壌があり、そういった場所柄も花火を始めた背景にあったという。

2代目も感性豊かな風流人だったが、当時の花火はまだ趣味的なものでしかなかったようだ。同社が本格的に技術力を身に付けたのは、職人気質だった先代（野村泰久）に野村が加わり、2人で試行錯誤を繰り返すようになってからだ。

とはいえ、その道のりは長く厳しいものだった。「当時の花火を『闇夜のカラス』と酷評されたことがあります。暗くて色も出ていない。『とても花火とはいえない』という意味です。私たちも技術力のなさは痛感していましたが、そのころは何をどうすればいいのかすらわからなかった」

まさしくゼロからのスタートだった。まず目標に掲げたのは美しい円形をつくること。グラム単位で火薬の配合を変え、ミリ単位で星の配置を考え、「花火玉をつくって、近隣の河原で打ち上げて」をただひたすら繰り返した。その数はなんと年に数百回にも上った。

それでも思ったような円を描くようになるまで10年かかった。そこから色の研究がスタートしてさらに9年。「どの会社の技術も90数パーセントは同じ。勝負は残りの数パーセントであり、そのためには新しい技術を開発する必要があった」と、好きだった酒とマージャンをやめ、人付き合いも極限まで減らし、考えられる限りの薬剤の組み合わせを試し、数千回もの実験を繰り返し……。野村が4代目を継承した2年後の1991年、とうとう「土浦全国花火競技大会」10号玉の部で初の優勝を勝ち取ったのだ。

ここで確たる手応えを得た野村は、破竹の快進撃を続ける。「内閣総理大臣賞」が設けられた2000年以降、同社は土浦で12回、大曲で9回、計21度の「内閣総理大臣賞」を受賞。次位の5回と比較すると、同社の実績が明らかに抜きんでていることがわかる。

デジタル技術から音楽、流行まで、花火師に求められる素養は驚くほど多い

丸く、美しく輝き、潔いまでに美しく消える。これこそが野村の花火の真骨頂だ。今や花火業界のトレンドとなっている色変化を多用した「幻想イルミネーション」や、八重芯に細かい

花火ができるまで。左上から星掛け、仕込み、玉貼り、完成

八方咲を加えた「キラキラ万華鏡」など、数々の名作を世に送り出してきた。

そんなわずか数秒の輝きを生み出すために、花火師は想像を超える手間と時間を惜しみなく注ぐ。その出発点が「星」づくりだ。空中でどんな色を出したいかに合わせて、さまざまな薬品を〝秘伝のレシピ〟で配合していく。

例えば初期の重要な工程である「星掛け」では、小さな芯の周りに少しずつ火薬をかけては乾かしてを繰り返して、形をつくっていく。しかし大きくなるのは1日でわずか0・5ミリメートル。2センチメートルの星をつくるには、40日もの期間を必要とする。

野村にとって、それは「つくるというより育てる」感覚だという。「一気に大きくしようとすると美しい輝きは生まれない。時間をかけて根気よく育てることが大事なのは、まさに子どもと同じです」と言葉を続ける。

星が出来たら、今度はそれを花火玉のなかに丁寧に詰めていく。五重芯であれば、割火薬[*2]と交互に5重の層をつくることになる。この時の精度が花火の造形の美しさを左右することになり、究極なまでに緻密な作業が求められる。

このように花火つくりだけでも熟練の技が必要な仕事だが、「今の花火師に求められるものは、はるかに多くなってきている」と野村はいう。

きっかけは、遠隔による「電気点火方式」の採用だ。そもそもは花火師の安全のために整備されたものだが、コンピューターを通じて制御することで、非常に複雑かつ大量の打ち上げが可能になったのだ。現在のスターマインの隆盛は、まさにこの転換がもたらしたもの。花火と音楽のシンクロがより高度になり、芸術性・エンターテインメント性は一気に高まった。

そのために必要なのは、プログラムを使いこなすデジタル力、全体のストーリーを考える創作力、音楽への造詣[*3]、流行を読み取る力、タイトルをつけるライターとしてのセンスなど。驚かされるのは、これらすべての素養が花火大会のリーダーを託された〝職人〟に求められることだ。もちろん、競技大会の開催に合わせて新作花火を考えることも重要な命題だ。

こう聞くと、もはや花火師は超一流のアーティストであり、プロデューサーという言葉がふさわしい。この〝託す人材〟が複数いることが、同社の優勝実績に大きく寄与している。

＊2　空中で星を四方に飛ばすための火薬
＊3　ジャズ、クラシック、映画音楽、J-POPなど、あらゆるジャンルの音楽を採用している

花火大会は、その町にとって有力な観光資源だ。それゆえに、地域は大切な地場産業として花火会社を育て、花火会社は大会を盛り上げることで、地域に貢献してきた。しかし近年、会場の設営費や警備・誘導の人件費などのコストが顕著に増え、スポンサーからの拠出も限られ、打開策が求められるようになった。その一つとして増えているのが観覧席の有料化だ。

しかし今や花火も音楽とともに楽しむ時代。より近い席でその一体感を味わうことで感動も倍加する。「密を回避したい」「ゆったりと花火を楽しみたい」といったニーズの高まりもあって、有料席の人気は広がっているようだ。その期待に応え、文化を未来につなぐためにも、花火師は絶えず新たな挑戦を続け、今日も一つひとつの花火玉に熱き情熱を注ぎこんでいる。

野村花火工業株式会社
代表取締役　花火師

野村 陽一

のむら よういち

1950年、茨城県水戸市出身。明治大学卒業と同時に、花火師になるべく先代に従事し修業を積む。1989年に4代目を継承。1991年の土浦全国花火競技大会で初優勝し、以降数多くの大会で優勝実績を重ねる。2006年に「五重芯」の花火を世界で初めて成功させた。

創業47年

アワーズ

動物たちとともに、たくさんの「Smile」を創造 理念経営を貫きアドベンチャーワールドの未来をつくる

代表取締役社長 山本 雅史

白砂のビーチに豊かな温泉、黒潮が育む海の幸と風光明媚な景勝地。和歌山県の南紀白浜といえば、古くは新婚旅行のメッカとして知られた観光地だが、今ではすっかり「パンダのまち」として有名だ。動物園、水族館、遊園地が複合するテーマパーク「アドベンチャーワールド」は、1994年に中国からジャイアントパンダ2頭を迎えて以来、これまでに17頭もの繁殖に成功。中国以外では世界最多の実績を誇り、日本におけるパンダの聖地となっている。

「園内で繁殖したパンダファミリーの暮らしぶりを間近に見られる」というだけでも十分に希有な体験だが、アドベンチャーワールドの魅力はそれだけではない。

ライオンやチーターなどの野生生物が自然に近い環境で活動する「サファリワールド」、イ

ルカやクジラが迫力あるパフォーマンスを披露する「マリンワールド」、ジェットコースターなどでたっぷり遊べる「プレイゾーン」と多彩なコンテンツが提供されており、来園者数は国内外から年間100万人に上る。

このテーマパークを運営するのが、大阪に本拠を置くアワーズだ。「1978年の開園当初は、『ワールドサファリ』という名前で別のオーナーが運営していました。しかし開園後まもなく、施設の建設に携わった祖父の山本末男が事業を引き取り、経営を引き継ぐことになったと聞いています」と、3代目社長の山本雅史は当時を振り返る。

経営手腕に優れた創業者は、組織の基盤を一から整備し、積極的な設備投資でパークを充実させた。その後、山本の父である現・会長が2代目になり、当時は珍しかった「ふれあい路線」やおもてなしサービスの強化、アドベンチャーワールドでしか味わえないエンターテインメントを創り出すことで経営を安定させた。絶滅に瀕していたジャイアントパンダの繁殖を支援すべく、「日中共同繁殖研究」という世界初のプロジェクトを推進したのも会長の時代だ。

1977年生まれで、人生とパークの軌跡がまるごと重なる山本は、こうしたアドベンチャーワールドの発展を純粋に楽しみながら育ったという。「物心がつく前から、盆と正月は白浜で過ごすのが親戚一同の恒例でした。私からすれば、子ども時代の思い出と切っても切り離せない、ずっと大好きな場所です」

共創を促す理念経営で、時代にフィットした新たな価値を生み出していく

3世代にわたる時代の変化を経た今も、パーク運営の基本方針として変わらないのが「一度に楽しみ切れないほどのコンテンツを提供し、満足を超えた感動を提供する」というものだ。「テーマパークは、固定費が大きいビジネスモデルです。アドベンチャーワールドの場合は、およそ120種1600頭ほどの動物の飼育管理が常時必要ですからなおさらです。天候などに左右されやすく、入場者のコントロールが難しいという側面もあります。それでも、遠くからわざわざ来ていただいたゲストに、一度では楽しみ切れないほどのコンテンツを提供して『また来たい』と思っていただきたい。その姿勢をずっと大切にしてきました」

ただし、満足や感動の中身は時代によって変わる。カリスマ的なリーダーだった創業者も、冷静な事業家だった会長も、それぞれの経営スタイルで時代が求める価値を提供してきた。山本が3代目社長に就任するに当たって最も悩んだのも、「いかに自分なりの経営スタイルで未来の価値を創造するか」だったという。

「ゲストがテーマパークに求める価値は、受動型のエンターテインメントから、主体的な体験へと確実に変化してきました。そこで経営の形も、かつてのような強いリーダーシップ型から、誰もが個性を生かして主体的に動ける共創型への変革が必須と考えました」

（左上）開園当初の「ワールドサファリ」外観。（右上）2020年11月に「アドベンチャーワールド」で生まれたジャイアントパンダ「楓浜（ふうひん）」。（左下）四半期に一度の全社会議「AWS-SUMMIT」の様子（2023年9月）。理念浸透の重要な機会となっている

そう語る山本だが、社長就任までは自他ともに認める「ワンマン上司」だったという。

「パークへの愛が人一倍強かったので、自ら新商品や新サービスのアイデアをどんどん出して、次々に進めていました。しかし、自分では善しと思っても周りがついてこないのです。徐々に、言葉も態度も厳しくなっていきました」

なぜ、理解してもらえないのか。苦悩を続けるなか、山本はスターバックスコーヒージャパンの岩田松雄元・CEOの講演を聞いて感銘を受ける。「経営において大切なのは、戦略でなく社員一人ひとりが自ら考えて行動できるマネジメントである」。これこそ今の自分に求められていることだと、ここから「理念経営」の実現に邁進する。

会社の歴史のなかで共有されてきた言葉を棚卸しして、あらためて自社らしい価値観として「こ

ころでときを創るＳｍｉｌｅカンパニー」という企業理念を再構築。思いやり、素直、前向きという3つの「こころ」で、「社員」「ゲスト」さらには「社会」のＳｍｉｌｅ（しあわせ）を創っていく企業になろうと、社内での共有を推し進めた。

命の美しさや大切さを学び、成長できるエデュテイメントパークへ

会社を「理念を共有する人の集まり」へ進化させるために、２０１５年には「理念共感型採用」がスタートした。会社が能力をジャッジするのではなく、「あなたの理念と会社の理念は重なっているか？」と問いかけ、同社で自己実現が可能かどうかを自ら判断してもらうとするものだ。全社員を対象にした理念研修も、年に2回実施。理念を「自分ごと」として考え、あらゆるアクションを理念にひもづける仕組みづくりに力を注いでいる。

理念経営の本格導入から約10年。社員のアイデアを起点とした取り組みは飛躍的に増えた。社内のビジネスコンテストには、観光、教育、環境、まちづくりなど多彩な切り口の事業アイデアが続々と寄せられた。採用活動や人財教育を担う「人財委員会」、パンダが食べない部位の竹の再利用を進める「パンダバンブープロジェクト」など、やりたい人が自由に参加できる部門横断型のユニークなプロジェクトが、なんと40件以上も進行中だという。「カオスといってもいいぐらいに、今の社内には『やりたいこと』が溢れています」と山本は笑顔を見せる。

一方、「動物園・水族館そのものの存在意義が問われる時代になっている」ことを背景に、未来においても社会に必要とされるための価値が何かをあらためて定義した。その一つが「エデュテイメント（教育＋娯楽）パーク」であり、さらにはファミリーや企業関係者向けなど、個々のニーズにきめ細かく対応するサービス体系の構築になるのではないかという。

「アドベンチャーワールドは、動物たちのありのままの姿と向き合うことで大切なものを学び、成長できる場所になれるはずです。知識を押しつけるのではなく、人生や社会に必要な気づきが得られる学びの場として、これからも進化していきたいと考えています」

Profile

山本 雅史（やまもと まさし）

1977年、大阪府出身。近畿大学商経学部卒。丸末グループの建設会社を経て、2004年にアワーズ入社。2015年に代表取締役社長就任。

株式会社アワーズ

〒580-0013

大阪府松原市丹南3-2-15

☎072-335-7100

設立：1977（昭和52）年

事業内容：動物園、水族館、遊園地及び博物館の経営。飲食店および売店の経営

https://www.ms-aws.com/

創業72年

大伸社

代表取締役CEO 上平 泰輔

徹底したニーズの理解からあらゆる顧客体験をデザインし企業のマーケティング、ブランディングを総合的に支援

CXデザインの第一人者として、顧客の深層心理調査から、マーケティング、デザイン、ブランディングまで、グループの総合力を生かして幅広く支援。日本を代表する大企業から中堅・ベンチャー企業まで経営の上流から伴走し、高い信頼を勝ち得ている。「ペルソナ」という概念を初めて日本に持ち込み、業界に先駆けてデザインリサーチの専門部門を立ち上げるなど、時代の先を読むアグレッシブな企業姿勢が、受け継がれてきた同社のレガシーだ。

CXデザイン（Customer Experience Design）とは、顧客と企業（やブランド）とのすべての接点における体験の質を上げること。CXデザインの目的は、顧客の満足度と忠誠度の醸成を通じて、ビジネスの成果や競争力を向上させることにある。

大伸社は、企業経営におけるCXデザインの重要性に早くから着眼し、新たなマーケティング手法を社会に発信してきた企業だ。「私たちは、ロングインタビューや行動観察、心理学的な手法などを用いた〝デザインリサーチ〟の仕組みづくりを2000年ころから手がけており、そのノウハウや実績の豊富さが大きな優位性になっています」と、社長の上平泰輔は語る。

マーケティング手法として、今ではスタンダードとなった〝ペルソナ〟という概念を、2002年に日本に初めて持ち込んだのも同社だ。新規事業部門として立ち上げた「mct」が、米国フォレスターリサーチ社からペルソナの手法を習得し、サービス提供を開始。翌年にもイリノイ工科大学の教授からデザインイノベーションの手法を習得するなど、世界最先端のマーケティング手法への精通と積極的な導入姿勢は、業界内でも頭一つ抜けた存在だった。

一方、グループの総合力を生かして、商品・サービスのコンセプト開発、CX起点のブランディング、Webコンテンツや紙媒体の制作、SNS運用、各種空間デザインの設計、イベントの企画・運営まで、多様なニーズに応える一気通貫体制も強力だ。

「プロジェクト単体の企画や制作はもちろん、『お客さまの認識と私たちの思いにズレがないか』『自社の強みをもう少し明確にしたい』『それらをもっと伝わるように発信したい』など、漠然としつつも経営の根幹にかかわるご相談が多く、そういった上流部分からお客さまに寄り添い解決に導いていくところが、私たちのこだわりであり強みといえるでしょう」

早くから内製化を進め、企画制作から印刷までの「社内一貫体制」を確立

創業者の上平達輔は奈良県の出身で、現・社長の父になる。大阪の印刷会社に勤務した後、1952年に若干21歳で起業した。当初は、造り酒屋向けの日本酒のラベルを中心に、食品パッケージのデザイン・印刷を主な仕事にしていたという。

「大阪からフェリーに自転車を積み込んで四国を回っていた話を、父からよく聞かされました」と、上平は子どものころの記憶を振り返る。「アポイントもなしに営業するわけですから、ひどい断られ方をされることも多かった。そこで父は〝売り込みに行くのではなく、お客さまに喜ばれることを提案しに行く〟と発想を変え、仕事がうまく回るようになったと聞いています。その父親の言葉は、現在の当社の営業姿勢にも受け継がれています」

事業面でも、同社の個性は早くから磨かれていった。「いくら技術が優れていても、印刷だけでは他社との差は出しにくい。これからはアイデアやコピー、デザインで勝負しなければならない」。そう痛感した達輔は、デザインや制作ができるスタッフを積極的に採用し、写真スタジオを併設した自社ビルも新築した。これらの内製化の取り組みは、当時の印刷会社としては極めて稀なことであり、企画制作から印刷までの「社内一貫体制」が確立されていくなかで、顧客からの多様なニーズにより早く的確に応えられるようになっていった。

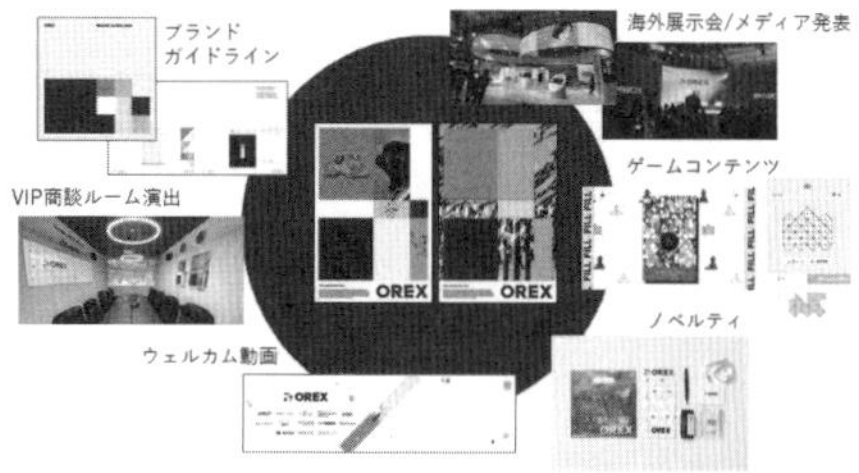

（左上）昭和40年代の本社外観（大阪市天王寺区）。（右上）サービス展開イメージ（大手通信会社の新サービス開発に当たって取り組んだ多彩なプロジェクト事例）。（左下）ペルソナ戦略やブランディングなどをテーマにした書籍を発刊

上平の入社は、これらの基盤が固まってきたもう少し後の１９９３年、前職は日本ＩＢＭだった。

「バブルのピーク前後でもあり、ただひたすら働いていた記憶があります。ここではお客さまに課題をお聞きして提案をしてクロージングするまでを行い、単なる売り込みではない論理的な営業の仕方を学びました。当社に入社した時の感想は、大企業にはない個人の裁量の大きさや進取の社風、単なる印刷会社に終わらない事業の幅広さ。そこに未来の可能性を感じました」

現在のグループ構成は、大伸社を中核に、大伸社ディライト、大伸社コミュニケーションデザイン、ウィル・フォース、ライブアートブックス、ｍｃｔ、ＤＳ＆Ｃの計7社。

業務領域としては、祖業であるプリンティング事業。ＣＸデザインをメインとしたデザインリサ

ーチ事業。Webサイトやカタログ、映像メディアなど、顧客のコミュニケーションをデザインしていくマーケティング・プロデュース事業の3つに大きく分けられ、グループ各社がそれぞれの専門性を発揮しつつ、そのノウハウを共有し相乗する。不況になっても、企業にとって販売戦略や人材確保は絶対に必要で、長い付き合いの取引先が多いことが特徴だという。

市場が求めていることと提供したいことがそろっていれば絶対成長できる

横文字が並びがちな事業モデルだが、その具体的な取り組みを聞くと「なるほど」とうなずかされることが多い。そこで、大手住宅メーカーとの事例を一つ紹介する。

「オンラインとコールセンターだけで住宅を販売しよう、という取り組みでした。手がけていたのはデザイン性が高い高価格帯の家であり、これをオンラインで買う人は従来のアプローチが届く層ではないだろうと。ペルソナマーケティングが効果を発揮すると考えたのです」

ポイントは机上の論議ではなく、時間をかけてライフスタイルや消費行動における一人ひとりの声を聞いて深層心理を深掘りしていくこと。カスタマージャーニーマップ[*1]からアクションプランの策定まで、しっかり顧客体験をデザインし、提供できる世界観をビジュアル化していくこと。ここでの取り組みは圧倒的な成果を生み出したという。

「クリエイティブなモノづくりが好きで、自発的に新しいことに挑戦していく社員が多いこと

＊1　顧客が商品やサービスを購入・利用するまでの道のり
＊2　Employee Experience：従業員が働くことを通じて得られる経験や体験のこと

が、当社の強みといえるでしょう。みんなにはシンプルに、市場が求めていることと私たちが提供したいこと、その2つがそろっていれば絶対成長できる、と伝えています」

今後のテーマは、日本企業の海外進出や海外企業の日本進出に対応できるグローバルマーケティングとデジタル分野の強化だ。さらにＥＸ[*2]向上にも意欲的で、ＧＡＦＡＭを含め国内外リーディング企業が導入している米国クアルトリクス社のＥＸ調査を毎年行い、働きやすい職場環境の構築や人事制度の見直しにも取り組んでいる。「当社は人がすべての会社。ＥＸとＣＸを両輪で進めることを経営の中心に置いています」と、上平は言葉に力を込める。

Profile

上平 泰輔（うえひら たいすけ）

1961年、奈良県出身。カリフォルニア州立大学ベーカースフィールド校経営修士（MBA）取得。日本IBMを経て、1993年に大伸社入社。大伸社コミュニケーションデザイン社長などを歴任後、2022年11月に大伸社代表取締役CEO就任。

株式会社大伸社

〒542-0076

大阪市中央区難波5-1-60 なんばスカイオ17階

☎06-6976-5550

創業：1952（昭和27）年

事業内容：企業のイノベーション、マーケティング、デザイン分野におけるコンサルティング

https://www.daishinsha.co.jp/

創業61年

シーピー化成

時代のニーズに応える開発力と一貫生産体制を強みにプラスチック食品容器を通じて〝人々の生活を豊かに〟

代表取締役社長 三宅 慎太郎

岡山県井原市に本社を置き、プラスチック食品容器の製造・販売で業界トップクラスの実績を誇るシーピー化成。容器の基材となるシート原反の製造から、成形、プレス、印刷、検査・梱包、保管までの一貫生産体制を特長としており、なかでも「革新的な容器」をつくり出す企画力・開発力には定評がある。その中核となるのが、「食で人々の生活を豊かにしたい」という創業者の思いを受け継ぐ企業文化だ。

国内でプラスチック食品容器が採用され始めたのは、1960年代初頭。以降60年以上にわたり、変わらず食のインフラを支え続け、毎日の暮らしのなかになくてはならないものになっている。では、その価値や利点はどこにあるのだろうか。

「まずは、安全や衛生面。異物や雑菌などから食材を保護するという大事な役目があります」。そう説明するのは、シーピー化成2代目社長の三宅慎太郎。

「そして、利便性や装飾面。透明度の高い蓋で中身をしっかり見せたり、食材が混同しないように仕切りを設けたり、華やかな色や柄でワクワクするような演出を施したり。ここではプラスチックの加工のしやすさが大きな強みになります。さらに、安定した品質を低コストで実現できること。軽量で積み重ねが容易で大量輸送も可能など、非常に多くの利点があります」

近年、国内外で脱プラスチックの取り組みが活性化しているが、プラスチック製品は機能面だけでなく、食材を衛生的に包み食品ロスを減らすなどのメリットも大きい。そういったプラスチックの〝真の価値〟を伝えつつ、一方でより環境にやさしい製品を開発していくことが、同社に求められる役割になるという。

「強嵌合」「クリアエッジ」など大ヒット製品を次々に開発

創業は1963年、中国パール紙工製作所が会社の前身となる。「創業前、父（三宅勉）は祖父（三宅昇）とともに、茹でたタケノコの販売をしていました。当初は一斗缶の缶詰で売っていたものの、客先では徐々に個包装のニーズが強まってきたこと。一方、買い物の場が個人商店からスーパーへと移り始め、輸配送時の衛生担保や効率が重要になってきたこと。こういった時代の変化を見据えて、父はプラスチック食品容器の将来性に目を付けたのです」

当初は、工場では成形とプレスを中心に行い、シート原反は他社からの購入だった。しかし1976年にポリスチレンシート（PS）、1985年に発泡ポリスチレンシート（PSP）の製造ラインを新設し、シート原反生産からの一貫生産体制を構築。素材づくりからこだわることで、多様なニーズに応えられるようになったことが、その後の飛躍の大きな原動力となった。

製品面では、1977年に木目柄の容器を業界に先駆けて発表したほか、1983年に中の仕切りを別構造（蓋・本体・中仕切の3点タイプ）にした仕出し容器「大輪」シリーズの大ヒットによって、同社の開発力に俄然注目が集まるようになった。

「時代のニーズに応える新たな製品を生み出し続ける力が、私たちの最大の強みだと思っています。お客さまとの商談時はもちろん、使われている現場やバックヤードなどにも訪れ、抱えている悩みや、顕在化していない問題点を探り出しながら開発していきます」

アイテム数は、常時およそ8000種。毎年1000種ほどが新たに市場に投入される。こういった製品の多様性と、次々に生まれる新製品、そしてスピーディーに顧客の声を反映する社内体制は、販売先のディーラーにとっても「非常に頼りになる存在」だという。

近年の代表的な製品を尋ねると、「強嵌合」と「クリアエッジ」の2つの名前が挙がった。前者は、蓋が外れにくく開閉しやすい独自の嵌合《かんごう》*1を実現したもので、テープ留め不要のため作業

*1　2つのパーツが互いにぴったり嵌り合うさま

（左上）創業当時のプラスチック食品容器工場の作業風景。（右上）圧倒的な透明感を実現した大ヒット製品「クリアエッジ」。（左下）岡山県井原市の本社工場ならびに物流センターの全貌

が軽減され、省資源化にもなる優れものだ。

後者は、強度を維持するためのリブを排除したことで、ガラスのショーケースのような圧倒的な透明感を実現したもの。剛性も価格も従来品と変わらないため、「商品が映えて、売上げ向上にもつながる」と大ヒット製品となった。

一方、環境にやさしい容器の開発においては、高発泡素材への転換や薄肉化などによる軽量化を推進するほか、バイオマスプラスチックを最大で約30パーセント配合した「CP Bio」シリーズを開発し、CBFつむぎ、CBFデリなど、続々と製品バリエーションを増やしている。

さらにアールプラスジャパンに出資し、ケミカルリサイクルの取り組みに参画するほか、2021年に「資源循環3カ年ロードマップ」を策定するなど、さまざまな環境対策を実施中だ。

モノづくりにこだわり、メーカーとしての立ち位置を貫く

「社是に『共栄』を掲げているように、先代はお客さま、取引先、協力会社、社員など、当社とかかわるすべての人々の幸せを大切に考えていました。その姿勢は、私も同じです。ただ、〝創業者ならではのカリスマ性〟でみんなを引っ張ってきた先代に対して、私はもっと同じ目線に立っていこうと。社員の意見を尊重しながら、一緒に会社を育てていく関係でありたいと思っています」と三宅は語る。

社内では若手中心に数々のプロジェクトが動いているように、挑戦を応援する風土があり、成長につながる場が多いこと。あるいは懇親会や忘年会などにはたくさんの社員が集まり、開催日前からすでに盛り上がりを見せるなどの、アットホームな社風も特徴として挙がる。

創業以来、業績は安定した伸びを続け、今では売上げは700億円に迫る。全国に拠点を展開し、数多くの設備投資をしながらも、黒字・無借金経営を長く続けていることも大きな強みだ。直近では、群馬県邑楽郡に約3万3000坪の土地を取得し、営業拠点の「北関東オフィス」を2022年4月、同社最大規模の「首都圏物流センター」を同年11月にオープン。さらに生産工場の建設にも着手（2024年11月稼働予定）しており、こういった積極的な展開が可能なのも財務力の強さがなせるわざといえよう。

これからの会社のあり方については、「モノづくりにこだわり、より良い製品を開発し続けることに尽きる」と三宅は言葉に力を込める。あくまでもメーカーとしての立ち位置に特化し、ディーラーとの信頼関係のなかで商流を広げ、社会から求められる企業であり続けるのだと。

次なるテーマは、東日本地区の市場開拓を強化すること、冷食分野などの新たな事業領域に乗り出すことなどが中心となるが、「もっと未知の領域へのチャレンジもあっていい」と三宅はいう。同社では過去に畜産事業やラーメン店の経営に乗り出したこともあり、「そういった自由度の高い発想で新規事業を考えていきたいですね」と、にこやかな笑顔を見せた。

Profile

三宅 慎太郎（みやけ しんたろう）

1974年、岡山県井原市出身。東京理科大学工学部卒。共信（現・日東電工）を経て、2004年にシーピー化成入社。2007年3月に取締役経営企画室長に就任し、2013年4月より常務取締役を経て、2017年5月に代表取締役社長就任。

シーピー化成株式会社

〒715-8501
岡山県井原市東江原町1516
☎0866-62-0095
創業：1963（昭和38）年
事業内容：プラスチック簡易食品容器の製造、販売ならびに食品包装資材の販売
https://www.cpkasei.co.jp/

創業85年

本郷いわしや

病院経営の〝一歩その先〟をともに考え親身にサポート
名門「いわしや」のブランドを受け継ぐ医療機器商社

代表取締役　古関　一成

江戸時代・慶長年間から、400年もの歴史を受け継ぐ名門「いわしや」の流れを汲む総合医療機器商社。介護機器の製造、動物病院の開業支援、直近では訪問看護事業に自ら乗り出すなど、絶えず時代の先を見据えた挑戦を続ける企業文化が大きな持ち味だ。病院経営の頼れる存在であり続けるため、頼みやすさ、聞きやすさ、話しやすさ、親しみやすさ、わかりやすさを大切に、これからの時代に求められる〝御用聞き〟の新たな姿を追求している。

「名刺交換をすると『水産関係の仕事をされているんですか』と、よく尋ねられます。でも違いますよと。医療機器を扱っている商社なんですと話をすると、怪訝《けげん》な顔をされるんです」。そういって笑うのは、本郷いわしや3代目の古関一成。

「定かではありませんが、歴史をひも解くといわしやの原点はやはり魚屋だったようです。その後、薬を扱うようになり医療機器に事業を広げ、いわしやで修業した先輩方がのれん分けのような形で全国にお店を増やしていった、と聞いています」

一時は、いわしやの文字が付いた会社が70社以上あったというから、かなりの勢力だ。しかし、年月とともに事業内容に合わせた社名に変更する会社が増え、あるいは統合や廃業などで、今では3割ほどに減少した。それでも古関は、この名前を大切に守り続けている。

「医療業界をよく知る方にとって、いわしやは、やはり確たるブランドなんです。『いわしやの製品なら間違いがない』『安心して任せられる』、その信頼を積み重ねてきた歴史は何ものにも代えがたい財産です。その価値をしっかり受け継ぎ、いわしやの名前を大切にしていこうとする私たちのプライドが、次なる時代のブランドを形づくるのだと考えています」

絶えず時代に先駆けて新たな市場を開拓する意欲的な企業文化が持ち味

東京大学、順天堂大学、さらに東京医科歯科大学など、日本を代表する大学病院が隣接し、医療機器や関連商品を扱う会社が集積する東京都文京区本郷。この街で同社の前身となるいわしや古関医科器械店が1939年に開業した。

創業者は古関要八。「酒を飲めないのに、酒席ではいちばん楽しむことができる。面倒見がよくたくさんの方に慕われていた、と聞いています。単身で福島から東京に出てきたので、そのあたりの覚悟の強さも商売の信頼につながったのではないでしょうか」

取扱商品の中心は、手術時に使う鋼製小物と呼ばれる器具類。かつては小売りの店舗も構え、「店内にはメスやハサミが吊り下がっていて、何万円もするような商品がコンスタントに売れていた記憶があります」と、古関は子どものころの思い出を振り返る。

やがて医療の進化とともに、器具類は使い捨てが主流になり、機器・器械類の販売が商いの中心となった。それは例えばレントゲン機であり、超音波、CT、MRIなど、より高性能で高価なものへと移り変わっていった。

主たる納入先は、100床以下の中小型規模の病院やクリニック、動物病院や介護施設など。病院の先生はみな多忙のため、限られた時間のなかで課題や要望をしっかり把握することができるか、そして的確に対応できるか、その信頼関係づくりが重要になるという。同様に、先代の伸一から口を酸っぱくいわれてきた「業界内に敵をつくるな」の教えの通り、仕入れの協力など、お互いの足りないものを補えるような同業間のつながりも大切にしてきた。

同社の特徴として挙がるのは、提供しているのが〝モノだけではない〟ことだ。病院の開業時には、物件紹介から金融機関との折衝、建築や内装工事の手配、宣伝広告など、ありとあらゆる相談を受け、業務を代行できる体制を持つ。まさに病院経営の分身ともいえる存在だ。

（左上）戦後間もないころの、本郷いわしや本社社屋。（右上）病院開業者向けのセミナーを定期的に開催。（左下）自社開発の動物病院向け診察台

そしてもう一つ、絶えず時代に先駆けて新たな市場を開拓しようとする意欲的な企業文化を持つこともポイントだ。

例えば、介護保険法がスタートするはるか前の１９７２年に介護領域に目を付け、電動車いすの生産をＯＥＭで始めた。「これはあまりにも時期尚早でしたが、この時の経験を生かして先代が１９９５年に機器レンタル事業として、再度介護事業に乗り出しました」

さらに、動物病院向けの事業にも着手。獣医師会から「輸入物に依存している状況を変えるため、日本製の機器が欲しい」との要請を受け、手術台などの製造を始めた。その後、動物病院開業支援サイトを立ち上げ、セミナーの開催や開業相談会にも積極的に取り組むなど、同社の中核事業の一つとして順調に育っている。

原点は〝御用聞き〟。そのスタイルを守りつつ時代に合わせた進化を目指す

「新規事業がうまくいくと、大手が価格競争を挑んでくる。あるいは世代交代によって取引先を失ったりするなど、業績は長く一進一退。閉塞感が続くなかで、この会社の後を継ぐ必要があるのかと、ずっともやもやした気持ちがありました」と、古関は振り返る。

「自分自身に対しても、コンプレックスが強かったんです。でも、そんな社長のもとでみんな働きたくないですよね。そこでコーチングを受け、3カ月で20キログラムダイエットしたり、身だしなみにもこだわったりと、積極的に自分を変え自己肯定感を高めていきました」

このころ、古関はM&Aをした三誠メディカルの社長として赴任し、みごとに黒字化を達成。この成功体験に自信を得て、本郷いわしやに復帰し、2017年に社長に就任する。以降6年間で売上げは2倍以上へと、飛躍的な成長を果たした。

2023年10月、古関はこれからの会社の目指す姿を周知するべく「医療機器・医療介護の現場に安心を」というパーパスを定めた。さらに「頼みやすさ、聞きやすさ、話しやすさ、親しみやすさ、わかりやすさ」の5つの〝しやすさ〟を社内の指針として掲げた。

「この策定過程で実感したのが、私たちの基本はやはり〝御用聞き〟であるということです。まずは聞く力、そのための『相談してみよう』と思っていただける関係性が出発点。しかし受

け身になっているだけではダメで、お客さまの期待の一歩その先を考え、情報力やデジタル力などを駆使した提案ができることが、次なる時代の〝御用聞き〟ではないかと考えています」

そのためにも古関は、「3年当社で働いたら他の会社からスカウトされる、あるいは独立できる力が付く」と常日ごろから社内に語りかけ、積極的な採用や教育投資に注力してきた。

新市場に挑む、受け継がれてきたＤＮＡも健在だ。今後在宅医療が加速していくことを踏まえ、自ら訪問看護事業に乗り出したのだ。Ｍ＆Ａも推進し、さらなる再編が予想される医療機器販売業界で、規模と質で市場をリードするための老舗の新たな挑戦が始まっている。

Profile

古関 一成（こせき かずしげ）

1972年、東京都出身。東海大学卒。ミナト医科学を経て2004年に本郷いわしや入社。介護事業など各事業の現場に携わり、2012年にM&Aをした三誠メディカルの社長に就任。2017年、本郷いわしや代表取締役就任。

株式会社本郷いわしや

〒113-0033
東京都文京区本郷2-39-5
（営業本部）東京都文京区白山1-21-13
☎03-5800-1848
創業：1939（昭和14）年
事業内容：病院経営を支える総合医療機器商社
https://www.hongo-iwashiya.co.jp/

創業51年

イズミコンサルティング

建物に求められる環境性能や社会価値の増大に合わせて環境・省エネ、防災、ＢＩＭの3本柱で多様なニーズに応える

代表取締役　小池　康仁

電気・空調や給排水など建築設備に強い設計事務所として創業し、省エネ計算ソフトの開発を手がけたことを機に、環境関連事業に乗り出す。以降、旧・省エネ法や建築物省エネ法など法定基準の改正に合わせて、あるいは住宅性能表示制度や環境性能評価システムへの対応など、時代のニーズを先取りしながら業容を広げてきた。２０２４年1月には社名を変更。専門性と総合力を兼ね備えたコンサルティング会社として、業界の先頭を走り続けている。

脱炭素社会の実現に向けた省エネルギーや創エネルギーの実現。自然との共生を目指して環境に配慮した設計。消費者が良質な住宅を安心して取得できるように設けられた住宅性能表示など、ＳＤＧｓあるいはＢＣＰへの世界的な意識の高まりから、建築物に求められる環境性能

や取り巻く基準は年々増え続ける一方だ。

しかしそこに並ぶのは、CASBEE、LEED、ZEB、ZEH‐M、BELSなどの見慣れない横文字のオンパレード。イズミコンサルティングのホームページを訪れても、同社の事業内容を即座に理解することは至難の業だ。２代目社長の小池康仁自身も「私たちの会社のことを上手に伝えるのは難しいと、いつも悩んでいます」と苦笑交じりに語る。

それでも、その〝わかりにくさ〟こそが会社の存在価値になっているのではないか、と言葉を続ける。「求められるものが増え、あるいは変化し、時代の先を読む感覚も必要です。そのためにどんな認証を取得するべきか、何から始めればいいか、どれほどの手間やコストがかかるのかを各企業の現場で判断するのは難しく、であれば専門家に任せようと。この業界の第一人者として評価をいただいている私たちにお声がかかるのです」

現在、同社は環境・省エネ、防災、ＢＩＭの３本を事業の柱に掲げており、これら一つひとつの専門性とその相乗による総合力を強みに、マーケットの急成長にともなう多様な期待に丁寧に応えてきた。今では売上げは27億円超、社員数も２００名を上回る。

その成長過程を振り返ると、「お客さまの声にしっかりと耳を傾け、絶えず時代の先を見据えて事業に取り組んできた」という歴史の積み重ねがあり、小池は「挑戦と変化」という言葉で、受け継がれてきた企業文化を表現する。

2005年の耐震偽装事件を機に、建物の安全安心への意識が大きく変化

創業は1973年9月。大学で建築を学び、群馬県前橋市の設計事務所に勤めていた小池進が独立し、イズミ建築設備設計事務所を立ち上げたことがその始まりだ。「イズミ」の言葉は、小池家が戦前に営んでいた泉屋材木店に由来するという。

「冷暖房などの空調設備が普及し始めた時代だったことから、今後さらに市場の拡大が期待できると、設備設計に特化する形で会社を立ち上げました。そういった先見性もあり、事業は着実に伸びていったようです」と、小池は創業からの歩みを振り返る。

環境関連事業の起点は、パソコンショップの経営を経て、1986年にPAL／CEC計算（省エネ計算）のソフトウェアの開発・販売を手がけたことだ。1979年に省エネ法が制定されて以降、冷暖房設備の負荷計算などのニーズが増えており、これは非常に便利だと評判となったのだ。1989年には、ソフトウェア開発の知見を生かして「省エネ措置届出の支援業務及び建築設備技術計算受託」に関する事業を開始。現在の中核となる省エネ計画事業の基盤になるとともに、業界のパイオニアとしての評価も固めていった。

その後、2004年には祖業である設備設計事業を休止。翌年に現・社長の小池が入社したことで、環境コンサルティング会社としての立ち位置を、より強めていくことになった。

（上）「LEED OM（v4.1）」プラチナ、「WELL認証」ゴールドの取得など、率先して環境設計を取り入れたイズミコンサルティング高崎オフィス（群馬県高崎市）。（左下）1990年ころの高崎オフィス外観

ちょうどこの時期、業界自体も大きな変革期を迎えていた。2005年に、社会を大きく揺るがした「耐震偽装事件」が勃発。消費者はみな住まいの安全安心に疑心暗鬼となり、デベロッパーの意識も大きく変わったのだ。この事件を機に「住宅性能表示制度」への注目度が一気に上がった。

地球環境・周辺環境にいかに配慮しているかを評価する「CASBEE®[*1]（キャスビー）」が導入され始めたのもこのころだ。さらに外資系企業の進出が増えていく過程で、国際的な認証プログラムである「LEED®[*2]（リード）」の認証も増え始めた。

2015年には、国内では「建築物省エネ法[*3]」が公布。グローバルでは国連サミットでSDGsが採択されたことで、建築物における環境適応はもはや常識的なものになった。その後「年間での1次エネルギー消費量が概ねゼロとなる建物」と

＊1　一般財団法人建築環境・省エネルギー機構の登録商標
＊2　U.S. Green Building Councilの登録商標
＊3　正式名称は、建築物のエネルギー消費性能の向上に関する法律

して「ZEB」や「ZEH‐M」[*4]、建築物省エネルギー性能表示制度「BELS（ベルス）」などが誕生。デベロッパーも積極的に認証を取得し、ブランディングやマーケティングに用いることが増えた。同社も高崎オフィスにおいて、CASBEEで最高のSランク、LEED OM（v4.1）はプラチナ、BELSの五つ星、WELL認証[*5]ゴールドなどを取得し、率先して啓蒙を図っている。

さらなる事業の深化に向けて、イズミシステム設計からイズミコンサルティングへ

「このビジネスは今後絶対に必要とされる、伸びるという手応えが強くあった」と当時を振り返る小池は、まさにこの大きな潮流の変化の〝ど真ん中〟を歩んできた存在だ。

社長就任は2011年。その翌年に、避難安全検証や防災計画評定などを手がける防災事業に着手し、事業の3本柱が出揃った。現在、建築環境・防災業務の実績は年間約5400件[*6]。いずれの分野でも市場をリードするが、なかでもZEH-Mの国内シェアは7割[*7]にもなる。

一方、社内では理念共有を推進し「八つの心得」を設定。社員全員から集めた「自分たちはどうなりたいか、どんな人と働きたいか」という声をもとにまとめたもので、ONE IZUMI、顧客中心、信頼、勇気などの言葉を掲げ、それぞれを図柄にしてアイコン化も図った。

同社の成長要因は、決して〝時代の追い風〟だけではないという。「お客さまからいただいたアンケートでも、『真面目』『信頼できる』という言葉が多くありました。独りよがりにならず、

＊4　ZEB（ゼブ/Net Zero Energy Building）は主に公共建物などのビル向け、ZEH-M（ゼッチ・マンション）は住宅向け
＊5　建築物の空間評価システム
＊6　2022年7月～2023年6月の集計
＊7　2018～2021年度の累計

設計者の意図をしっかりくみ取って最善の提案をしようとする、一人ひとりの社員の姿勢がしっかり伝わっているのではないでしょうか」と小池は笑顔を見せる。

そして2024年1月、イズミシステム設計からイズミコンサルティングへと社名を変更。「専門的な知識や経験を持ち、それを生かしたアドバイスができるように」「クライアントが持つ問題や課題について最適な解決策を提案できるように」と、コンサルティング会社として目指す姿をシンプルに社名に表現した。「意匠、構造、設備に続く、建築設計の第4のテーマ」として、環境の重要性をさらに広く深く発信していくことが今後の使命だ。

Profile

小池 康仁（こいけ やすひと）

1976年、群馬県出身。日本大学卒。大手設計事務所を経て、2005年にイズミシステム設計入社。グループ会社のイズミシステム設計・東京の社長を経て、2011年4月に代表取締役就任。

株式会社イズミコンサルティング

〒162-0824

東京都新宿区揚場町1-21

☎03-6427-7511

創立：1973（昭和48）年

事業内容：建築物省エネ法の申請コンサルティングやサポート。建物の環境認証取得のコンサルティング

https://izmc.co.jp/

創業50年

三洋ビル管理

社会の「当たり前」を真面目に、丁寧に長期的な視点で、建物の資産価値向上をサポート

代表取締役社長
石橋 広盛

ビルメンテナンスとリネンサプライという、人々の快適な生活に欠かせない2つの事業を中心に〝社会インフラサービス〟を提供する三洋ビル管理。単なる「管理」ではなく、「建物の資産価値を向上させる仕事」として捉え、長期的な視点でお客さまと伴走。独立系ならではの事業の多様性や柔軟性を生かしながら、社会が求める「当たり前の心地良さ」を守るべく、社会を支える黒子としての役割を、地道に愚直に追求し続けている。

創業者の石橋幸男は、背泳ぎの選手として1960年のローマオリンピック強化選手に選ばれた経歴を持つ。八幡製鉄所の水泳部に所属していたが、腰を痛めて競技生活を断念。地元の福岡に戻り、1974年に九州ビルクリア（現・三洋ビル管理）を立ち上げた。

「当時の主な仕事は、新築ビルを引き渡す直前の〝竣工清掃〟と呼ばれるものでした。仕事自体は多かったのですが、ビルの竣工は3月ころに集中し、季節ごとの売上げのブレが激しすぎました。そこで経営の安定を図るため、清掃、設備、警備を行う総合ビル管理会社へ転換したと聞いています」。3代目社長の石橋広盛は、会社の草創期についてこう振り返る。

転機となったのは、1985年にリクルートと契約し、九勧リクルート博多ビルやリクルート天神ビルなどの清掃・設備管理業務を一手に引き受けたことだ。

「受注の決め手になった大きな要因は、周辺のオフィスビルをくまなくチェックして、集めた情報を持参したこと。どんな設備がどれくらいあるか、警備はどういう体制か、極めつけはトイレットペーパーの品質まで、まさに足で稼いだ世の中のどこにもない情報です。それらをもとに『こうしたら入居者満足が上がり、ビルの評価が上がります』と提案したのです」

ビル管理の仕事を単なる「管理」ではなく、「資産価値を向上させる仕事」と考える。創業者のこの考え方は、今も受け継がれる同社の基本姿勢となっている。

〝10棟のビルを1年間〟ではなく、〝1棟のビルを10年間〟管理できる関係を重視

このような営業力の強さは、同社が独立系企業であることにも由来する。「グループ内で融通し合う仕事」がないため、ゼロから開拓し続けるしかないからだ。石橋も入社当時は、毎日50

件ほど飛び込み営業をするのが当たり前だったという。

受け身の姿勢が多い業界のなかで、同社の能動的な事業スタイルは数多くのビルオーナーの目に留まった。そして迅速な連絡や修理対応、応対マナーなど、「当たり前のことを当たり前に確実に遂行する」仕事品質の高さは口づてに広まり、取引先の幅を広げていった。

ちなみに「三洋ビル管理」の社名には、3つの海（太平洋、大西洋、インド洋）をまたにかけるような大きな仕事をしたい、という創業者の熱い思いが込められている。その〝公約〟通り、1986年に東京、1993年に静岡、2008年に熊本と拠点を拡大し、現在では首都圏での売上げが全体の4割を占めるほどに、順調な伸びを示している。

石橋が入社したのは1993年。「高校時代から当社でビル清掃のアルバイトなどしていたのですが、父親から事業を継げという話は一度もなく、ごく普通に就職活動をしていました。しかし、当時の専務から『将来継いでもいいという考えが1パーセントでもあるのなら、今入社すべきだ』といわれて、大学卒業後すぐに入社することを決めました」

父親は55歳で引退。専務が2代目を継いだが、市議会議員に当選したため退社。一時的に父親が再登板した後、石橋が35歳で事業を承継した。

「10棟のビルを1年間管理させてくれるお客さまではなく、1棟のビルを10年間管理させてくれるお客さまと取り引きしたい」というのが石橋の持論だ。なぜならビル管理という仕事は、長

（左上）本社オフィスにて。左が創業者の石橋幸男。（右上）九州最大級のリネン工場「うきは工場」外観（福岡県うきは市）。（左下）ビルメンテナンス業務（分電盤内点検）の一コマ

く携わるほど、お客さまに価値を還元できる仕事だからだ。

「コンクリートの建物はきちんと管理すれば100年持つといわれています。しかし短期の契約だと、今すべきことを先に伸ばしたり、逆にしなくてもいいことをしたり、その時だけの都合で物事が決まってしまう可能性が少なくありません。そうではなく、中長期的な視点で建物の価値を維持し高める施策を、オーナー様とともに長期的な視点で進めていきたい。私たちはその気持ちを大切にしています」

　一方、仕事を請け負う際のこだわりは、価格の設定にも表れている。「過度な価格競争には参加しません。サービスの品質を落とさないためにも、適正な価格での契約が何よりも重要であると考えているからです」

そういったブレない姿勢が支持され、現在は仕事を受け切れないほどの依頼があるといい、「お客さまの期待に応える体制づくりが今後の大きなテーマになります」と石橋は語る。

医療機関での実績を生かして、リネンサプライ事業を第2の柱に

ビルメンテナンス事業に加え、第2の事業の柱になったのがリネンサプライ事業だ。「福岡では大きな病院のビル管理を受注していて、感染予防など衛生面の知識が必要な病院清掃のノウハウを積み重ねていました。医療機関で、外注費用の多くを占めるのがリネンサプライ。清掃とリネンは親和性が高く、当社がリネンサプライを担当すれば、ビル管理と一体となったサービスが展開できるのではないかと考えたのです」

現在は福岡県うきは市に、九州最大級のリネン工場を設置し、医療機関・老健施設のリネンサプライを始め、国内大手企業のユニフォームクリーニングなどを手がけている。

また医療機関向けで培った衛生ノウハウは、コロナ禍においてさらに裾野が広がった。オフィスビルや商業施設でも感染予防は重要なテーマになり、事業の相乗が進んだのだ。

直近の重要なテーマとなる人材確保について、同社は2016年からフィリピン、ベトナム、ミャンマー、インドネシアから技能実習生の受け入れを開始している。言葉の壁を超えて業務に習熟できるように、積極的に動画研修を取り入れるなど、現場の底上げを図っている。

新卒採用も積極的に進めており、近年はビルエンジニアリングの分野で専門性が高まっているため、理系人材の採用にも力を入れていきたいという。

「ビルメンテナンス、リネンサプライという事業活動は、いわば社会の黒子的な仕事。蛇口をひねれば清潔な水が出るような、〝あって当たり前〟と思われるベーシックなサービスです。しかし私たちが歩みを止めれば、皆さんの日常生活に支障が出てきます。それはまさに社会インフラそのもの。より多くの皆さまの快適でゆとりある暮らしのための、〝社会インフラサービス〟としてのあり方を、これからさらに追求していきたいと考えています」

Profile

石橋 広盛（いしばし こうせい））

1971年、福岡県出身。早稲田大学大学院修了。1993年に三洋ビル管理入社。2006年に代表取締役社長就任。

三洋ビル管理株式会社

〒812-0011
福岡市博多区博多駅前2-19-27
九勧博多駅前ビル
☎092-441-3131
創業：1974（昭和49）年
事業内容：ビルメンテナンス及びリネンサプライ、ビルエンジニアリング、マンション管理、不動産仲介事業
http://www.sbm-g.jp

創業62年

三和興業

環境を中心に解体・土木・リサイクル・エネルギー事業を循環 地域の成長と歩みをともにし持続可能な街づくりを目指す

代表取締役 大山 哲寿

60年を超える歴史を持ち、福岡県随一の実績を誇る解体工事業。解体後の土地再生を見据えた土木工事業。収集運搬から中間処理、最終処分までの一貫体制を整え、リサイクルにも強みを持つ産業資源循環事業。大規模太陽光発電所を軸とするエネルギー事業。これら4つの領域で事業を展開する三和興業の理念は、持続可能な社会で人々を幸せにすること。〝環境〟を中心にそれぞれの事業が弧を描くことで、より良い未来への〝循環〟をつくり出していくことだ。

「会社を継ぐ以上は、絶対に父親を超えないといけない。創業者の息子であることは、社長になる理由にはならない。働く社員たちから全幅の信頼を勝ち得るためにも、まずは新規のお客さまを獲得することに全力を注ぎました」

三和興業2代目の大山哲寿は、入社直後から1日数十件以上のペースで飛び込み営業を続けたという当時の奮闘ぶりを振り返る。「このころの得意先は建設会社だけ、それも下請けの仕事がほとんどでした。ですから、もっと裾野を広げ、その構造を変えていきたいと、一般企業から個人まで『建物さえあれば』と、なりふりかまわず顔を出したんです。解体という仕事でもあり『そんなに経営が苦しい会社に見えるのか』などと、どやされることもありました」

大山の前職は銀行マンであり、飛び込み営業をすることに苦痛はなかった。それどころか、相手の懐に飛び込んで信頼を得るための自分なりのスタイルを持っていた。なかでも注目すべき点は、営業時に提出する分厚い企画書の存在だ。

「解体業界は怖いという印象が先行しがちです。見積もりを〝一式〟と記して提出し、後で揉めることもざら。そんなイメージを払拭《ふっしょく》したかったのです。そこで費用の算出根拠から、施工方法、スケジュール、廃棄物の処分方法まで、事細かに〝可視化〟して書類にしました。私たちの業界は形に残る仕事ではないのですが、だからこそプロセスや施工品質といったものを、正確に示すべきではないかと考えたのです」

このような気合いと緻密さ、そして「自分たちの仕事に自信があった」という強い信念で、なんと入社から1年間で30社ほどの新規顧客を獲得したという。さらに大手ハウスメーカーやゼネコンなど、超大手企業との直接取引が増えたのも大きな収穫だった。

並行して大山は、「企業としてのあるべき姿」についても模索を続けた。「民間企業として何ができるか、社会的な評価を得るためにはどうあるべきか。〝三和30年ビジョン〟などを作成しながら、未来を見据えたイメージトレーニングをよくしていました。例えば、30年後の未来にドラえもんと一緒に行ったらどんな世界が待っているか、それを踏まえて現代に戻ってきた時に何をするべきかなど、自由に妄想を膨らませていましたね」

そして〝環境こそ自分たちのコアビジネスである〟と考え、「環境を真ん中に、その周りで解体やリサイクル、そしてエネルギー事業が循環する」という事業イメージを描いた。

県庁解体工事の入札で「解体事業者が直接受注する」という前例をつくる

創業は1963年。18歳の時に交通事故で父を失い、弟妹を育てるためにトラックのドライバーをしながら建設現場でも働いていた大山賢玉が、「これから解体工事がもっと増えるのではないか」と、結婚を機に立ち上げた三和解体興業がその前身だ。

個人住宅の解体を中心にスタートし、1981年に福岡県庁の解体を請け負ったことが、同社の評価を押し上げる契機になった。当時まで公共工事の解体は、地元のゼネコンのもとで行われることが通例で、解体事業者が直接入札するという新たな流れをつくったからだ。

「父親はとにかく仕事熱心で真面目な人でした。面倒見もとてもよく、長年にわたり組合の会

（左上）2002年に開設した「篠栗SRC（旧・リサイクルセンター）全貌。（右上）全国から注目を集める、免震型高層マンション解体工事現場（福岡市中央区）。（左下）大規模太陽光発電所「ふくおかエナジーパーク」（福岡県飯塚市）

長を務め、業界のイメージを良くしたいという思いも強く持っていました。そのぶん、私に対する躾《しつけ》もかなり厳しかったですね」

一方、1983年には筑穂町（現・飯塚市）に産業廃棄物最終処分場を開設。解体から最終処分までのワンストップサービスの実現は、同社にとって早くからの注力テーマだった。

その後、M&Aによって篠栗町にリサイクルセンターを開設。さらに廃石膏ボード、がれき類、木くずの破砕施設の建設など、中間処理施設の充実を図り、一貫処理体制の強化を進めた。

ここで注目されるのは、2002年に最終処分場の名称を「エコセンター」に変更していることだ。業界内でも先駆けといえる表現であり、〝環境を真ん中に〟という大山の強い思いが、すでに形として表れ始めたことがわかる。

大山の社長就任は、2011年11月。翌年すぐに電動式油圧ショベルを導入するなど、「化石燃料を使用するものに比べて数倍も高価な」EVあるいはハイブリッド仕様の機器を積極的に購入。さらに2013年から太陽光発電事業に着手し、「ふくおかエナジーパーク」「若松・大鳥居エナジーパーク」などの太陽光発電事業所を開設した。

「環境のためにとリサイクル事業[*1]を進めても、その過程でCO2をばらまいていたら本末転倒です。自社で使うプラントや重機、車両を自家発電あるいはクリーンエネルギーを用いて、究極のリサイクルを目指したいという思いで加速的に事業を進めてきました」

バイオマス発電事業を強化し、持続可能な社会づくりの第一歩を踏み出す

そう語る大山の、現在の注力テーマは「ZEROカーボンシティ」と、その構想を支えるバイオマス発電事業への取り組みだ。解体・中間処理の過程で生まれる可燃系廃棄物は、バイオマス発電の燃料用としてのニーズが高い。従来は外部施設に提供していたが、これを地域内で還流し、加えて町から出る一般廃棄物、あるいは工業系・医療系などの廃棄物を混焼した形でバイオマス発電を行い、ここから出た電力で町の施設を動かしていくという着想だ。

「地域の過疎化を止め、人が集まる環境をつくるためにも産業が活発になることが重要で、安定したエネルギーの確保は持続可能な社会づくりの起点になると考えています」

＊1　同社の解体工事による廃棄物のリサイクル率は95％もの高水準となっている
＊2　新築後まだ十数年の建物だが、耐震偽装との指摘からオーナーが解体を決断したもの。そのため、将来のタワーマンションの解体工事のモデルになるといわれている

直近でもう一つ、同社が業界内で大きな注目を集めているプロジェクトがある。それが「国内初」となる免震型高層マンション[*2]の解体工事だ。「免震型はコンクリートや鉄骨の強度がまるで違い、従来の工法ではとても解体できません。このような難工事を、現場管理から実際の施工まで解体事業者である当社1社ですべて請け負っています。これは非常に画期的なことであり、現在国内で直接施工できるのは私たちだけと自負しています」

大山が大切にしてきたのは、地域とともに歩む姿勢。自分たちの成長が地域の成長の役に立つこと。福岡を代表する業界の第一人者として、今も新たな可能性への挑戦を続けている。

Profile

大山 哲寿（おおやま てつひさ）

1972年、福岡県出身。金融機関勤務を経て、1997年に三和興業入社。2011年11月、代表取締役就任。福岡青年会議所第58代理事長など、まちづくりや地域振興にも注力。

株式会社三和興業

〒813-0044
福岡市東区千早2-2-43
sanwaビル3階
☎092-671-1855
創業：1963（昭和38）年
事業内容：解体工事業、土木工事業、産業資源循環事業、クリーンエネルギー事業
https://www.sanwa-iec.co.jp/

創業58年

ジャパンローヤルゼリー

高機能・高付加価値にこだわるローヤルゼリーの第一人者 創業者が築いたブランドと人の輪を未来に受け継ぐ

代表取締役社長 山口喜久

「完全栄養食」といわれるローヤルゼリー。創業者の山口喜久二は早くからその効果に着目し、高機能・高付加価値の製品の開発に尽力した。中国の高地に蜜源を確保し、ミツバチの生態と摂理を重んじる「山口喜久二式自然養蜂」を確立。女性の自立を確立させた独自の販売システムを構築し、女性活躍の場も提供するなど、ローヤルゼリー販売の第一人者であり、カリスマ経営者でもあった。現在は2代目が事業を継承し、セカンドステージを目指している。

ジャパンローヤルゼリー創業のエピソードは、今も鮮明に語り継がれている。1966年、創業者である山口喜久二の父親は重い肝臓病を患い、医師から余命3カ月と宣告された。知人からローヤルゼリーを勧められ、藁をもすがる思いで父に与え続けたところ、医師も驚くほどの回復をみせ、入院から3カ月で退院できるまでになった。

この奇跡的な体験を1人でも多くの人に知ってほしいと、喜久二はローヤルゼリーの研究に没頭。その普及に生涯をかけることを決意したのだ。

そもそもローヤルゼリーとは何か。これは、働き蜂が女王蜂のためにつくり出す〝特別食〟だ。若い働き蜂が花粉や蜂蜜を食べ、消化吸収し、体内を経由して分泌する。女王蜂は生涯を通じて、ローヤルゼリーしか口にしない。働き蜂の寿命が約30日であるのに対して、女王蜂の寿命は3~5年。働き蜂の40倍以上も長生きし、産卵期には1日に2000~3000個の卵を生み続けることができる。その驚異的な生命力を育てる源なのだ。

そこには、人体ではつくり出すことのできない必須アミノ酸や50種類以上の多彩な栄養素が含まれ、〝完全栄養食〟とも称される。最新の研究では、「アピシン」という、ローヤルゼリー特有のタンパクが含有されていることも判明している。

「中国の奥地に蜜源があるという情報を得て、創業者自らが中国に渡航。青海省門源県回族自治区にある、標高3200メートルに咲く菜の花の大蜜源と出合いました。創業者はここで、ミツバチにストレスを与えない独自の養蜂技術を指導し、優れた品質の「天然型生ローヤルゼリー」を確保できるようになったのです。それが1990年代半ばのことでした」。同社2代目の山口喜久は、「山口喜久二式自然養蜂」の原点についてこう振り返る。

女性中心の独自の販売システムを発案し、女性の自立を支援

ミツバチの生態と摂理を重んじて、徹底した品質管理のもとで生産される同社のローヤルゼリーは、他社の商品とは一線を画している。

高品質にこだわりつつ、国内外の大学と共同で研究活動を行い、エビデンスを科学的に解明する努力を重ねた。その結果、これまでに免疫機能回復や抗認知効果、血糖値を抑制する効果や、アルコール性肝障害防護の効果があることが示唆されている。

同社のもう一つの特徴は、独特の販売方法にある。店頭販売をせず、女性を中心とした独自の代理店販売方式を採用。「ＪＲＪファミリー」と呼ばれる女性たちが、自ら広告塔となって全国に製品を普及、流通させているのだ。

「当社の製品は高付加価値のブランドであり、決して安価なものではありません。それだけにＪＲＪファミリーの方々の熱意と能力が重要になります。コマーシャルを打たない代わりに、口コミで製品の良さを伝えていく。創業者が組成したＪＲＪファミリーと販売方法が、現在の当社をつくったといっても過言ではありません」

健康を支える製品の普及とともに、女性のためのビジネスを発案し女性の自立を支援したのだ。モデルにしたのは、アメリカの女性の社会進出だった。主婦業や母親業を犠牲にすること

（左上）1974年に撮影したJRJファミリーとの記念写真。手前右が創業者の山口喜久二。（右上）1977年ころのジャパンローヤルゼリー製品と、現在の主力製品「JRJ スプリウムローヤルゼリー」。（左下）宮城工場外観（宮城県加美郡加美町）

なく、わずかな時間で安定した高収入を得る道を切り拓いていった。

創業者である喜久二は2022年に死去、2005年に社長に就任した山口が、あらためて経営の最前線に立つことになった。カリスマ性を持つ豪腕の経営者だった創業者が築いた歴史を受け継ぎつつも、2代目ならではの感性や持ち味で新たな時代をつくっていくことになる。

「私は、創業者とは真逆で、調和を取りながら物事を進めていくタイプです。当社の最大の強みは、創業者がつくり上げた〝山口喜久二式自然養蜂〟でしか生産できない、世界最高品質のローヤルゼリー。そして、ともに歩んできたJRJファミリーの存在です。創業者の志をしっかりと引き継いで、時代に合った変革をしていきたいと考えています」。山口は、表情を引き締めながらそう語る。

組織力の強化とＪＲＪブランドの認知向上をテーマに事業の多様化をはかる

これからの「新しいＪＲＪ」には、目指すべき2つのテーマがあるという。まず一つ目は、企業としての組織力の強化だ。

「今はモノが溢れる飽和社会であり、そのなかで成長するには組織力が問われます。風通しの良い環境をつくり、社員のコミュニケーション能力を向上させる教育システムの導入など、社内改革を進めていきたいと考えています」

もう一つは、ＪＲＪブランドの認知向上だ。ローヤルゼリーという機能性の高い素材を活かしながら、新たな製品ラインナップも検討。事業の多様化を図りながら、より幅広い顧客ニーズに応えていくことが今後さらに重要になってくる。

事業展開においては、ＪＲＪファミリーによる代理店事業を中核に、原料販売などのB to Bビジネスも経営を支えている。かねてから大手飲料メーカーにローヤルゼリーの抽出液を提供しており、事業を伸ばしていく余地は十分にある。

さらに、キーワードとなるのは海外事業だ。アジア圏の富裕層の間では、すでに同社の製品が口コミで人気になっており、国内と同様に「高級路線」の製品ラインナップで、代理店ビジネスの展開が可能だと考えている。強みを生かしながらの多角化である。

「人と人とのつながりや信頼関係がすべての出発点になる」と語る山口は、週末には社長自ら手料理を振る舞う〝Yoshi's Kitchen〟を定期的に開催。関係者を招いて、自然食を中心とした健康的なメニューを提供し、積極的にコミュニケーションを図っている。その山口の姿勢は、健康寿命が重視される人生100年時代、ローヤルゼリーが提供する〝健康でいることの素晴らしさ〟の実現につながっていくものだ。

トップダウンのカリスマ経営から、ボトムアップの風通しの良い経営へ。〝第2創業〟ともいえる世代交代を経て、同社はネクストステージに向けて挑戦を始めている。

Profile

山口 喜久（やまぐち よしひさ）
1970年、東京都出身。Chapman University卒。1995年にジャパンローヤルゼリー入社。取締役国際事業部長を経て、2005年6月に代表取締役社長就任。

ジャパンローヤルゼリー株式会社
〒163-0636
東京都新宿区西新宿1-25-1
新宿センタービル36階
☎03-3345-2888
創業：1966（昭和41）年
事業内容：高品質なローヤルゼリー関連商品をはじめとする健康食品、化粧品などの製造及び販売
http://www.jrj.co.jp/

創業56年

和田機材

バルブ・配管機材に特化した知見の積み重ねを強みに提案力と調達力の高さで顧客の期待に応える専門商社

代表取締役社長
和田 克己

工場やプラント設備で用いられる、バルブ、配管機材、計測機器などの多様な機器・資材を扱う専門商社。〝超少数精鋭主義〟を標榜し、社員一人当たりの売上げが1億円を超える生産性の高さが大きな持ち味だ。創業以来56年にわたりバルブ事業に特化してきた、その豊富な実績に裏付けられた、ニーズを先取りする提案力、最適な製品の選定、そして調達・納品までのスピーディな対応力などが、顧客からの厚い信頼の基盤になっている。

「私たちの会社の〝強み〟として日ごろよく話していることと、実際に手がけていること。あらためて振り返ってみると、これらが真逆になっている場合がいくつもあります」。そう話を切り出したのは、和田機材2代目社長の和田克己。

「例えば、私たちは信用第一をモットーに顔と顔を合わせた商売を大切にしていますが、今はネット上で海外との取引がどんどん決まっていきます。時間が経つのも忘れて全力で仕事に没頭する社内風土ですが、生産性の向上や働き方改革にもこだわっています。専門性を追求するエキスパート集団としての強い自負を持っている半面、個々の志向や多様性を重んじた担当制や教育の標準化などにも力を入れています」

確かに、これらの業務スタイルは一見〝矛盾〟しているように見える。しかし「これこそが伝統と革新なのではないのか」と、和田は言葉を続ける。企業文化や経営観や、受け継がれてきた軸がしっかりしているからこそ、次なる変革を進めることができる。それは決して〝相反〟ではなく、新たな時代に対応するための〝進化〟なのではないかと。

新規開拓はほとんどが飛び込み営業。対象を絞り独自の高生産性を生み出す

そんな同社の経営基盤を形づくったのは、創業者の和田昭だ。日本橋人形町の呉服屋の長男として生まれ、「日本経済が重化学工業中心の産業構造に転換していく」現状を目の当たりにするなか〝バルブ〟の商品価値に目を付け、1968年に神奈川県茅ケ崎で事業を立ち上げた。「仕事一筋の父親でしたね」と、和田は当時の記憶を振り返る。「健康面など自己管理能力がとても高い。年齢問わず親しみやすく、営業力は抜群。面倒見も非常によかった。仕入先の若手

社員をやる気にさせるのが得意で、先方の上司から『和田さんには当社の社員を本当によく育てていただいて』と、お礼をいわれることが何度もありました」

取り扱いの中心は、ボールバルブ、特殊バルブ、自動弁などのバルブ、配管に関する機器や資材。平塚や小田原などの工場を一つひとつ開拓して回り、取引先を増やしながら、1991年には、現住所に本社ビル・倉庫を新築するまでに成長を遂げた。現在は、化学、製鉄、金属、食品、製薬、半導体製造向けなど、あらゆる業界に事業の裾野を広げている。

競争優位性の起点となるのは、商品調達力と提案力の大きく2つ。「バルブの故障や不具合は、工場の稼働において致命的」であり、より迅速な対応をするためにも最適な商品をより速く安く調達・納品する体制が重要になる。そこに、「仕入れ先との関係性を大切する、受け継がれた当社のDNA」が大きな意味を持つ。

提案力については、長年にわたるバルブ事業で培われた知見の深さが武器になる。「工場やプラント設備をじっと観察すると、『どこにどんな問題がありそうか』をおおよそつかむことができます。そこで、『御社にはこんな悩みがありませんか』『よくこういうトラブルが起きませんか』などと、先手を打って潜在的なニーズを掘り起こしていくのです」

ただ、このような提案力が発揮できるのも相手の懐に飛び込むことができる力があってこそ。そこに和田の〝先代譲り〟の図抜けた営業力がある。「この会社と仕事をしたい。長く良い関係

（左上）創業のころの和田昭（左から2番目）の仕事風景。（右上）「MTA VIETNAM 2017」ベトナムJAPANパビリオン出展時のブース。（左下）和田機材本社外観（神奈川県平塚市）

を築きたい。重点企業を決めたら深く考える前にまず飛び込んでいく。中途半端にアポイントを取ると構えられるため、とにかく繰り返し粘り強く、お客さまの日常に溶け込んでいけるようアプローチを続ける。それが出発点です」

飛び込み営業は、旧態依然とした非効率な手法に思われがちだが、対象を絞り込めていたら話は別だ。「お互いにＷｉｎ‐Ｗｉｎになれる関係」に最初からこだわり続けることで、社員一人当たりの売上げが１億円超えの〝超高生産性〟と「10年で売上げ２倍」という大きな成長が実現できた。

そう語る和田の社長就任は２００８年４月。直後にリーマンショックが起きたものの、翌年に北九州市に支社を設置。２０１１年から海外取引もスタートした。いずれも顧客の要請に沿うものだが、ここにも同社らしさが存分に溢れている。

社員一人ひとりの個性や強みを育てながら、チームの総力戦で勝てる会社に

「ある日の朝の新聞に、得意先の1社が海外進出を予定しているというニュースが出ていました。それを見て、これは新たなチャンスではないかと。そして、海外でも必要とされる会社でありたいと、先手を打って海外貿易の準備を整えていったのです。それからおよそ5年後、工場進出が本決まりになり、『和田さん、海外も対応できるよね』と声がかかりました。もちろん私は『任せてください』と。このシーンは、今でも忘れることができないですね」

まさに同社が目指し続ける「真に頼れるビジネスパートナー」の本領発揮だ。

今後の大きなテーマは、「高い専門性と標準化」の両立だ。「当初は先代同様、仕事への情熱を前面にチームを統率してきましたが、時代の変化とともにそのスタイルを見直してきました。一律に同じ舞台で戦わせるのではなく、社員個々の強みを生かし得意な仕事で気持ちよく働いてもらい、チームの総力戦で勝てる会社にしていく。そんな会社のあり方を志向しています」

そのためにも多様性を生かした専門性を追求し、AIなどを活用して〝難しい仕事を誰でも平易にこなすことができる〟仕組みづくりにも今後力を入れていく。

実は同社には、業務標準化の見事な成功例がある。それが「Wナンバー」を用いた海外貿易業務の情報共有だ。「私たちの取扱商品の種類は膨大で、一方で貿易業務には非常に多くの人や

企業が携わります。そのため会社を横断して同じナンバーで管理することにしたのですが、圧倒的に業務効率が上がりました。このような効率化や社員の業務をバックアップする仕組みづくりは、まだまだ多くの可能性があると考えています」

海外事業にはさらに大きな伸びしろがあり、そのための人材育成が次なるキーワードとなる。

「真のグローバル人財とは、自らが依って立つ風土・文化をしっかり理解し、どの場所に置かれてもそのアイデンティティをもとに、自分で考え自発的に行動できる人」。そういった魅力ある人財が集まって切磋琢磨し合う、そんな会社に育てていくことが和田の念願だ。

Profile

和田 克己（わだ かつみ）

1966年、東京都出身。日本大学卒。石黒バルブ（現・イシグロ）勤務を経て、1991年に和田機材商会（現・和田機材）入社。営業の前線で実績を積み、2008年4月に代表取締役社長就任。

株式会社和田機材

〒254-0046

神奈川県平塚市立野町16-23

☎0463-33-3106

創業：1968（昭和43）年

事業内容：バルブ・配管機材専門商社

https://www.wadakizai.co.jp/

創業79年

マキチエ

市場の急拡大を見据えてサービス品質とIT投資を強化 病院との密な連携で補聴器外来の患者の悩みに寄り添う

代表取締役社長 平松 知義

ろう学校から補聴器の修理を依頼された際、修理した補聴器を付けた瞬間に生徒が見せた笑顔に胸を打たれた。先代のその経験が、補聴器を主業とする動機になったという。「補聴器は医療機関内で医師と連携して扱うべき」という信念のもと、現在は全国に展開する直営店を通じて約1500の医療機関と連携、日本人向けの補聴器開発に取り組む。事業は今、4代目に受け継がれ経営の変革を通して新たな地平を見出そうとしている。

難聴になったら補聴器を使う。当たり前のことに思えるかもしれないが、日本では補聴器の普及率はまだ驚くほど低い。「Japan Trak 2022」[*1]の調査によれば、難聴者のなかで補聴器を所有している割合は15・2パーセントに過ぎないという。

＊1 Source: Anovum - JapanTrak 2022

補聴器の普及率の低さの理由を、マキチエ4代目の平松知義社長はこう説明する。

「まず挙げられるのが、難聴の自覚があっても病院を受診しようとする方が少ないこと。一方病院側も、補聴器を付けることを推奨する先生があまりいなかったことがあります。このように、難聴になった時の対処について理解が進まず、『補聴器を使うことが社会常識になっていなかったこと』が根本的な原因としてあります。また『補聴器を付けることが煩わしい』『値段が高い』などと感じている方も多いようです。しかし最近では、各自治体で補聴器購入の助成に力を入れており、東京都港区ではその額は最大で13万7000円に上ります。残念ながら、これらの情報がまだまだ周知されていないことも課題になっています」

だが、補聴器を使用することで得られるものはとても多い。会話がスムースになり、さまざまな音を聞き取れることで活動範囲が広がり、生活の質が向上する。認知症進行を遅らせる可能性を示す研究結果があり、健康寿命を延ばす効果なども期待されている。

「私たちは創業以来、『医療機器である補聴器は医師と連携して扱うべき』という信念を持ち、医療機関と連携してきました。なぜなら難聴は、老化によるもの以外に突発性難聴や腫瘍など治療を必要とする疾患による場合もあり、補聴器使用の判断は医師にしかできないからです。医師が検査をして診断を行い、補聴器の使用をすすめる。患者さんにとっても医師の説得力ある言葉があれば安心して使用できるようになります」

補聴器外来の立ち上げに民間企業として初めて参画

終戦直後の1945年に朝山兵弥が新潟市で創業した朝山電気商会が、同社の歴史の始まりだ。補聴器とのつながりは、ろう学校で補聴器の修理を手がけたことから始まる。

本格的に業界に参入したのは1975年、新潟大学医学部付属病院（現・新潟大学医歯学総合病院）において、民間企業として全国でも初めてとなる補聴器外来の立ち上げに参画したことだ。1977年には、先代（3代目）の朝山栄一が補聴器部門を独立させ、医療機関と連携した販売網の拡大に力を入れていくことになる。だが、道のりは決して平坦ではなかった。

「昔は、補聴器が役に立つという認識を持った先生が少なく、むしろ病院で補聴器を提供することは邪道だという空気もありました。病院では個人情報も扱いますし、病院のなかに業者が入ることへの抵抗感もあったようで、先代からは、名刺を破られたり塩を撒かれたりして泣きながらバスで帰宅した、という苦労話も聞いています」

そんな逆境下にもめげず、販売網を地道に拡大し、1995年には初めての自社開発補聴器の販売をスタートした。海外ブランドの輸入品が多いなかで自社開発に踏み切ったのは、日本人の肌色や耳の大きさに合った補聴器をつくりたいと考えたからだ。その後、電池交換を必要としない世界初のリチウムイオン充電式補聴器や、耳鳴りの治療機能を備えた補聴器などを開

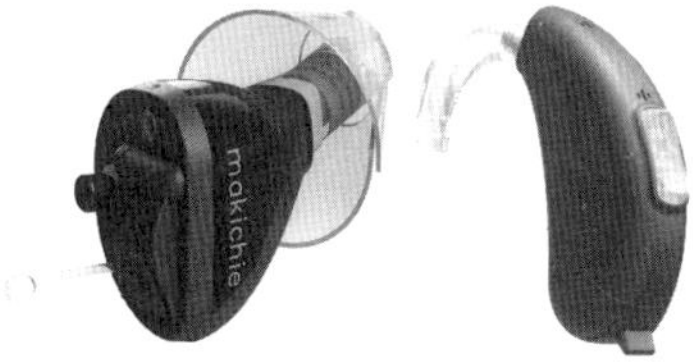

（左上）創業時の朝山電気商会外観。（右上）現在の「マキチエ東京日本橋店」外観。（左下）マキチエが提供する補聴器製品

発。ニーズを先取りしていくアグレッシブな企業風土は、今もしっかり根づいている。

もう一つの経営の特徴が、全国37カ所の店舗を直営で展開し、約１５００の大学病院や総合病院、クリニックと連携していることだ。「直営店だからこそ、お客さまと店舗、病院の連携がスムースでフィードバックも早い。高いサービス品質を維持することができるのです」

補聴器外来では患者一人ひとりに丁寧に向き合い、きめの細かい調整やメンテナンスを実施する。こうしたソフト面の充実が同社の優位性なのだ。

平松の入社は２０１０年、先代の長女との出会いがきっかけだ。当時、平松はウェブ制作会社を経営していたが、トントン拍子に結婚話が進み、同社への入社を決めた。ただし、事業継承は既定路線ではなかったという。

〝補聴器バブル〟の到来を見据えて、結果を出すための体制づくりを強化

「先代はおそらく、私の能力を見極めたかったのでしょう。私自身は、入社してある意味で働くことの本質を教わりました。それは例えば、仕事に対する謙虚な姿勢であり、仕事の本質はお客さまを喜ばせることだという根源的な価値観でした」

先代が闘病の後に他界し、平松が社長に就任したのは2018年のこと。「最初に取り組んだのは、経営の見える化でした。それまで営業や工場の現場では、仕事の内容がブラックボックスで、業務が属人化していました。利益率の高い会社だったので、とにかく売上げを出せばいいという考え方だったのですが、規模が大きくなると仕事を標準化してコストを見極めることも必要になります。従来の良さを残しつつ、社長中心ではない風通しの良いボトムアップの経営スタイルへ移行させていきました」

社長になってからは、IT業界で培った知見も生かすようになった。かつては、「良いモノをつくれば売れる」という考えが主流だったが、「伝える努力をしなければ、良いものであっても売れない」という思想を持ち込んだのだ。

そして今、数年後に到来が予測される〝補聴器バブル〟を見据えて事業の動きを加速させている。「ポイントは、『健康寿命を延ばしたい』という国や地域のニーズに、補聴器の有用性が

合致することが理解され始めてきたこと。助成金などの支援体制も増えていますし、これから一気に市場は大きくなるでしょう」と平松は、今後の事業の伸びしろを説明する。

「そのために重視しているのが、私たちの事業の原点である病院の先生との関係の深化。地域にあったベストな補聴器外来のカタチを一緒につくり上げていくための、一歩踏み込んだ取り組みです。膨大なビッグデータを生かしてエビデンスを積み上げ、医療機器として求められる〝結果を出す〟ことにこだわり続けていく。そのための商品開発やサービス品質の強化が、私たちの次なる成長の起点になっていくと考えています」

Profile

平松 知義（ひらまつ ともよし）

1971年、東京都出身。起業してウェブ制作会社を立ち上げたが、3代目の娘との縁談を機に2010年にマキチエ入社。2018年2月に代表取締役社長就任。

マキチエ株式会社

〒103-0027
東京都中央区日本橋3-2-3
☎03-3277-2544
創業：1945（昭和20）年
事業内容：補聴器の設計、製造、卸販売及び小売販売
https://makichie.co.jp/

〝獲《と》らない努力〟を続けることで、資源を守り収入を増やす志高き漁師が集い、持続可能な漁業のモデルをつくる

（取材協力）　千葉県沿岸小型漁船漁業協同組合
前・代表理事組合長 鈴木 正男 氏　元・キンメ部会長 本吉 政勝 氏
代表理事組合長 酒井 光弘 氏　広報 今井 和子 氏
羽田市場株式会社 代表取締役社長CEO 野本 良平 氏

よく釣れるエサは使ってはいけない。釣り糸は1人1本。産卵期の3カ月は禁漁。釣っていいのは1日4時間で夜間操業は禁止……など「コスパ」が重宝される現代社会とは真っ向から対峙する厳しいルール。「効率が良すぎる漁法は、続けると魚がいなくなる」という強い信念のもと、外房の漁師たちが自発的に集まり、キンメダイを中心とした水産資源の自主管理を進めてきたのが千葉県沿岸小型漁船漁業協同組合だ。持続可能な漁業を実現するために、この組合が何に取り組み、どんな成果を出してきたか。複数の関係者から話を聞いた。

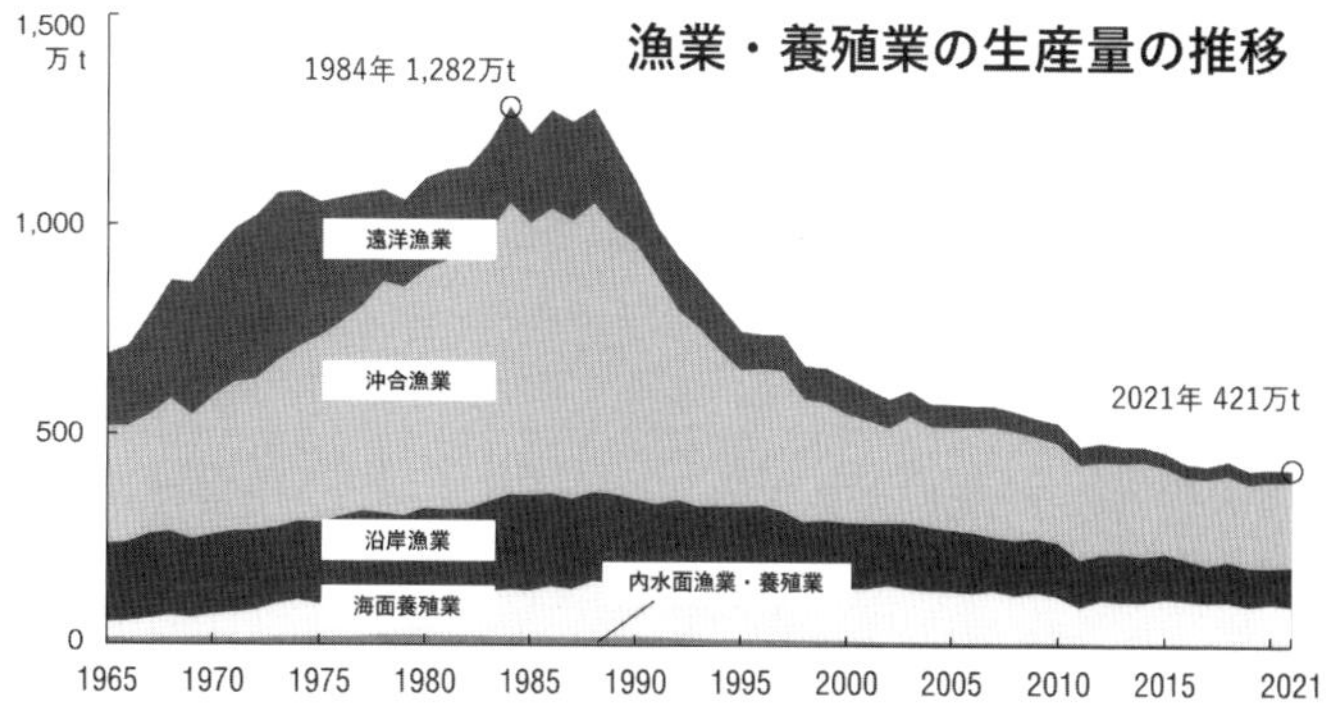

水産庁「令和4年度水産白書」をもとに作成

1990年前後から一気に減少。現在はピーク時の1/3ほどになっている

「国土の四方を美しい海に囲まれ、水産資源に恵まれた素晴らしい魚食文化を持つ国」

日本の魅力を問われた時、誰もがいちばんにイメージするだろうこの〝枕詞《まくらことば》〟は、もはや幻想となりつつある。魚がいなくなっているのだ。

しかしこの危機感を強く持つ人は、まだまだ少ないのではないだろうか。「サンマが獲れない」「鰻が高くなった」など、個別のニュースは記憶に残っても、居酒屋では海鮮メニューが豊富にあり、回転寿司はいつも大盛況。スーパーに行けば、たくさんの魚介類が店頭に並ぶ。「日本で獲れる魚が激減している」「日本の漁業が危機にさらされている」と感じる機会はほとんどないだろう。

だが現実は厳しい。図表の「漁業・養殖業の生産量の推移」*1を見ると、ピークの1984年と比べて2021年の生産量は3分の1に過ぎない。

＊1　出典：水産庁「令和4年度水産白書」

漁業就業者の減少も深刻だ。１９８８年が約40万人[*2]だったのに対して、２０２１年は12万人強とこちらも３分の１。年齢構成を見ても４割近くが65歳以上で、後継者も限られる。このままのペースが続くと30年後には日本に漁師がいなくなるという意見すらあるほどだ。

もう一つ気になるのは、「獲れなくなれば買えばいい」という考え方が強くなってきたことだ。食用魚介類の自給率は１９６０年代こそ１１０パーセント前後を推移していたが、そこから一気に急減。２０２１年は59パーセントと、もはや日本は魚介類でさえ輸入大国なのだ。

なぜ、これほどまでに水産物が獲れなくなったのか。まずは日本の漁業が置かれている現状について知りたいと、「鮮魚流通の革命児」の異名を持ち、「全国２０００人以上の漁師と直接つながっている」という、羽田市場の野本良平社長から話を聞いた。

日本の行政には「水産資源をきちんと管理する」という姿勢がない

「地球の温暖化で海水温が上がったから。日本の周辺まで外国の漁船が来て乱獲しているから。メディアの影響もあって、そんな印象を持っている人が多いように感じます。しかし、現実はごくシンプルです。日本の漁船が無秩序に魚を獲りすぎたからです」

大きな分岐点は、２００海里《かいり》の排他的経済水域の設定だという。それまで世界を席巻していた遠洋漁船は行き場を失い、事業の縮小や転換を余儀なくされた。その多くが日本の近海に向

＊2　1988年よりかなり前からすでに大幅な減少が続いている

かい、規模・装備に勝るこれらの漁船が漁場の力関係を大きく変えたのだ。

「例えば『巻き網漁法』[*3]は、その海域にいる魚介類を一網打尽にからめ取ってしまいます。大量に捕獲し、安く供給するには効率的な方法といえますが、狙った魚だけが獲れるわけではありません。[*4]それ以外の魚、いわゆる『外道』は持って帰っても値段が付かず、燃料代の負担にもなるため、その場で捨てられます。この量が、想像を絶するほど膨大なのです」

捨てられた魚のほとんどはすでに死んでおり、漁獲資源に与えるダメージは大きい。さらに大きな問題は、そこには稚魚がたくさん紛れ込んでいることだ。「稚魚がいなくなれば、成魚がいなくなるのは当たり前。いなくなるからもっと乱獲が進む。さらに魚がいなくなる。この数十年はその繰り返しだったといえるでしょう」

もちろん、行政が何もしなかったわけではない。その対策の一つが漁獲可能量制度「TAC」だ。これは魚種ごとに年間の漁獲可能量を定めたもので、現在は、サンマ、スケトウダラ、マアジ、マイワシ、サバ類、スルメイカ、ズワイガニ、クロマグロの8種を指定。いわゆる大衆魚を中心に、「市場流通量が多い国民生活にとって重要な魚介類」が対象になっている。

「とはいえ、これも形骸化しています。漁獲可能量の設定が、実際の漁獲高より圧倒的に多いのです。獲っても獲っても制限には引っかからない。これでは制度を定めた意味がありません。

半面、欧米では国を挙げての資源管理が厳格に行われています。『海の資源は国民全員の共有

*3　大きな網で魚群を囲い込み、網に入っている魚をすくって漁獲する漁法

*4　「混獲」と呼ばれ、食物連鎖を乱して魚の個体群の存続に大きな影響を与えることや、絶滅危惧種・保護種を傷つけたり死なす恐れなどが問題となっている

財産』という考え方がしっかり根づいているからです」

実際に欧米では、持続的に魚をとることができる漁獲量を科学的に算出している。例えばノルウェーでは、漁獲枠を個々の漁業者または漁船に配分し、その範囲内でしか漁はできない。そして漁船は厳重な監督下に置かれ、水揚げデータは漁船ごとに検査官が厳しくチェックする。

「獲れる量が限られているため、1匹当たりの価値を最大化したいと漁師は考えます。そこで出漁の時期を絞ったり、魚体が大きくなるまでじっとタイミングを待ったりするのです。その結果、出漁が少なくても収入は増える、無駄な乱獲がなくなるといいことづくめ。日本とはみごとなまでに真逆です」

このような辛口のコメントが増えざるを得ない日本の漁業[*5]だが、一方で「危機意識を持った漁師も着実に増えている」という。そのなかでも、欧米と同等かそれ以上に徹底した資源管理を行っている素晴らしい漁師グループがあると聞き、千葉県勝浦市に向かうことにした。

国に対しても強く意見がいえるように、漁師が資金を出し合って組合を設立

出迎えていただいたのは、千葉県沿岸小型漁船漁業協同組合 前・代表理事組合長の鈴木正男さん、2023年に代表理事組合長を引き継いだ酒井光弘さん、元・キンメ部会長の本吉政勝さん、広報を担当する今井和子さんの4名。

＊5　他にも、悪質な密漁や漁獲量の虚偽報告などさまざまな課題を抱えている

左から鈴木さん、酒井さん、本吉さん、今井さん。「先輩たちの頑張りがあったからこそ今がある。今度は私たちがキンメダイをしっかり将来に受け継いでいきたい」と語る

組合の設立は1966年、まだ日本の漁業が豊漁に沸いていた時代だ。このころからすでに「限りある水産資源を未来に残さなければいけない」と考えた漁師たちがいたことにまず驚かされる。

所属するのは、北は御宿・岩和田漁港から、南は鴨川・江見漁港まで、およそ40キロメートルの間の16船団。資源管理に特に力を入れているキンメダイの釣り漁業を行う「キンメ部会」に所属する船は300隻ほどに上る。

「昔は本当にたくさんの魚が獲れました。スルメイカにカツオ、サバやマグロや、他にもたくさんの種類の魚が……。ですから、まだキンメダイはそれほど力を入れていませんでした」と、当時を振り返る鈴木さん。「しかしサバもイカもだんだん獲れる量が減ってきて、これはまず

いぞと。そんな漁師の危機感が組合設立の背景にあります」

漁業者の組合といえば、いわずと知れた「漁協（漁業協同組合）」がある。しかし漁協の運営には、港湾整備に代表されるように多くの公的資金が投入されている。そのため「漁協を母体にしていると、いざという時に国や行政に強く意見をいえなくなる」と、漁協や地域の枠を超えて外房の漁師たちが横断的に集まり、〝手弁当〟で組合を立ち上げた。

操業ルールの取り組みは全船団一致が原則。全員で決めて全員で守る

勝浦沖のキンメダイの漁場は、沖合10～26キロメートルほど続く大陸棚の先。およそ600キロ平方メートルほどの海域で、1930年に神奈川の漁船が発見したといわれている。

しかし、神奈川漁船の夜間操業による過剰漁獲が問題となり、1953年に漁法の規定や夜間操業の禁止などを決めた覚書が交わされ、その後、神奈川漁船は勝浦沖から撤退することになった。これが、外房の漁師による自治の出発点となっている。その後、組合設立を経て「沿岸に住み着いているため資源管理の効果が出やすいキンメダイを、しっかり将来に残していこう」と、1977年にキンメダイ部会が発足。翌年「キンメ部会の操業規約」が作成された。

ここで決められたのは、操業時期（産卵期を除く10月1日から翌年6月30日まで）、漁場の範囲、操業方法、操業時間、漁具漁法の制限から紛争予防に関することまで11項にわたる。

なかでも特徴的なのが「乱獲を防ぐために、あえて効率の悪い方法」を採用していることで、「キンメダイが好きなサンマやイワシの餌は使わない」というルールは、その最たるものだ。

現在の規約は当時のものを基本に、少しずつ厳しくしているという。例えば、立て縄の釣り針数の削減。操業時間に至っては、当初の「日の出から日没まで」から、8時間、6時間、5時間と短縮され、現在では4時間以内と定められている。規約を破った漁船には、「所属する船団のすべてが翌日は出漁停止」という厳しいペナルティを設けているのも大きな特徴だ。

船上での手当から水揚げ、市場流通まで、きめ細やかな鮮度管理を行い高品質を維持している

そして何よりも感嘆させられるのが、操業ルール決定時の「全船団一致」を絶対的な方針としていることだ。まずは各船団で話をまとめ、船団長・代表者会議に持ち合う。そこで異論があれば、全船団が納得するまで何度でも話し合う。「全員で決めて全員で守る」を貫き続けているのだ。

他にも「操業日数や仕掛けの数を変えたら漁獲資源にどれだけ影響が出るか」などのシミュレーションを細かに実施したり、生態調査のための標識放流を40年にわたり続けていたりと、「未来に資源を残すため」の取り組みは実に数多く、みごとなまでにすべてが徹底されている。

キンメダイ水揚げが全国一に。「外房つりきんめ鯛」としてブランド力も向上

メディアからの取材も多く、海外の漁業関係者も視察に来るほど注目度を高めている同組合だが、そのきっかけとして大きいのが、今井さんが取り組む『漁師のつぶやき』の発行だ。「それまで漁業のことは全く知らなかったのですが、当時組合長だった鈴木さんのお話を聞いて驚かされたんです。ここまで将来のことを考えている漁師さんがいるのかと」

鈴木さんから頼まれたのは「小学生・中学生でもわかりやすいものにしてほしい」ということ。地元の子どもたちに漁業のことを知ってほしい。親が漁師であれば少しでも関心を持ってほしい。その結果「後を継ぎたい」を思う子どもが増えてくれれば嬉しいという願いを込めて。

その期待に応えた「きれいなイラストと見やすい文字でまとめられた広報紙」は、子ども向けという枠を超えて組合活動の起点となった。積極的にイベントを行って配布し、お店に貼ってもらい、メディア向けの資料となり、今では英語バージョンも用意されるほどの広がりぶりだ。

では、これらの真摯な取り組みはどう結実したか。それは顕著に数字が物語る。かつてキンメダイの漁獲高は静岡県が圧倒的だったが、2018年に千葉県が全国1位に躍り出たのだ。

「漁師のつぶやき」は2016年1月からスタート。これまでの発行累計は100号を超える

もちろん味の評価も高い。一定の規格をクリアしたものは、「外房つりきんめ鯛」として千葉ブランド水産物に指定され、日本を代表する料理人からの指名買いも多いという。

獲り過ぎないことで漁獲高を安定させ、操業時期を絞ることで立派なキンメダイが育つ。結果、漁師の収入は増え、休みも確保し、「漁業は一生の仕事になる」と後を継ぐ者も増えた。子どもたちを思い、地域の将来を考え続けた〝我慢〟がみごとなサイクルを生み出したのだ。

「魚を売る人、買う人、料理をつくる人、船や道具・設備に携わる人など、沿岸漁業を支える皆さんと将来も共に歩んでいけるように」、外房の漁師たちの情熱が、今後の日本の漁業にとって大切な道しるべとなり、全国に大きなうねり[*5]をもたらしていくことがとても楽しみだ。

＊5　同組合の活動を起点として、2015年に「JCFU（全国沿岸漁民連絡協議会）」が発足。現在1万2000名ほどの有志の漁師ネットワークが育っている

創業66年

丸栄タオル

〝今治タオル〟の発展とともに歩み、率先して市場を創造 優れた品質と開発力でグローバルブランド確立を目指す

代表取締役 村上 誠司

日本最大のタオル産地、愛媛県今治市で創業。早くから自社ブランド・直営店舗を立ち上げるなど、丸栄タオルは〝今治タオル人気〟の先陣を切ってきた存在だ。受け継いできたのは、まじめなものづくり、消費者の満足や喜ぶ姿を大切にする気持ち、「世の中にないものを創り出そう」というアグレッシブな企業風土。世界中からこだわりの糸を取り寄せ、最先端の設備を投入し、高品質・高付加価値を追求する同社の製品は、多くのファンの心をつかんでいる。

今治地方は古く天平時代から繊維業が根づいており、江戸時代には綿織物の一大産地として名をはせた。その後、1872年に日本で初めてタオルが輸入され、泉州（現在の大阪府西南部）でタオル生産が始まったことに目をつけた阿部平助が、1894年にタオル織機を4台買

いつけ生産に乗り出したことが、今治タオル誕生の経緯だと語られている。

そして1910年以降、二挺式バッタン織機、ジャガード織機などが導入され、生産性や品質の向上が進んだことで新規参入が相次ぎ、今治のタオル産業は一気に盛り上がった。

「今治タオルの特徴として、〝先晒《さら》し先染め〟の手法が第一に挙げられます」。そう説明するのは、丸栄タオル2代目の村上誠司だ。「生地を織ってから晒して染める〝後晒し後染め〟のほうが生産効率はいいのですが、先染めのほうが〝風合い〟に優れています。糸の芯まで色が入るため深みが出ますし、染めた糸で製織するためよりきめ細かなデザインが可能になります」

その風合いを引き出すために重要なのが、豊富で良質な水資源だ。今治特有の軟水は糸や生地にやさしく、より高品質なタオルをつくるために欠かせない存在なのだという。

こうしてつくられたタオルの品質を、産地独自に設けた審査基準が担保する。今治市で生産したというだけでは「今治タオル」とは名乗れない。「5秒ルール（タオル片を水に浮かべたとき5秒以内に沈み始めるか）」に代表される厳しい基準が、ブランド力の根幹にあるのだ。

タオル業界が低迷していくなか、積極的な営業と設備投資で活路を開く

創業者の村上努が同社を立ち上げたのは1958年。ちょうど今治のタオル生産量が日本一となろうかという時期。地元メーカーからのOEM生産を軸に事業を拡大していった。

「増え続ける注文に応えるために、寸暇《すんか》を惜しんでまじめに働き続けた。事業が軌道に乗ってからは積極的に最新の織機を導入し、商品のクオリティを上げていくことにこだわった。父の〝ものづくり〟にかけるこの姿勢が、当社の企業風土の原点になっています」

こう語る村上の入社は1986年。中国やベトナムから安価なタオルの輸入が始まり、業界に暗雲がただよい始めたころだ。ただそれ以前に、村上が課題に感じていたのは下請け依存のビジネスの限界だった。「下請けは生かさず殺さず、大きくなることが認められない。生産量が増えるほど利益率が下がる。そんな状況だったのです。いち早く自社ブランドの立ち上げを図ったのは、この頃の忸怩《じくじ》たる思いが背景にありました」

今治でのタオル生産は1991年を頂点に一気に低迷していく。その後10年で半減[*1]というから、かなりの激減ぶりだ。この間、村上は積極的に東京におもむき、問屋に直接営業をかけ続けた。業界は海外製品に席巻され苦境のさなかにあったが、逆に〝親会社からの縛り〟が薄れ、下請け脱却の絶好の機会になると前向きに捉えたのだ。

まだ当時、企画力に乏しかった同社の製品は門前払いが続いたが、村上は粘り強く交渉を続けた。一方、2台で6000万円という最先端の織機を導入し「質の高い柄を素早く織り上げる体制を整えて」売上げは伸長していった。

このまま順調に拡大するかと思われた矢先、1997年に突如病魔が村上を襲った。舌癌だ

＊1　今治タオル工業組合2024年1月作成資料より。2023年生産量はピーク時の15%

（左上）創業当時の丸栄タオル工場外観。（右上）2007年に直営1号店としてオープンした「今治浴巾 銀座店」（旧・「イデアゾラ 銀座店」）。（左下）今治観光の拠点とするべく瀬戸内海に面した国立公園地域に開設した高級リゾート「LeaLea Resort villa kamoike」

った。12時間の大手術、長期にわたる闘病期間を経て「経営観が大きく変わった」と村上はいう。

「会社が危ないと考えて離れていく人がいて、変わらず応援してくれる人もいる。商いの本質は人と人のつながりであると感じたこと。自分だけですべてを成し遂げているのではなく、家族や社員や協力会社の皆さんに支えられて今があること、そのためにもしっかりとした組織をつくるべきだと痛感したのです」

そして社長に就任した2004年、念願のプライベートブランド「idee Zora」[*2]を立ち上げた。「タオルは主役にはならないが、脇役としてなくてはならないもの」と考え、「タオルのあるライフスタイルを提案する」をコンセプトに、生活のあらゆるシーンに寄り添い、溶け込むような色やデザイン、質感にこだわった商品づくりを進めた。

＊2　立ち上げ時は「イデアゾラ」、現在は「イデゾラ」と読む

今治タオルのブランド力に支えられる立場から、自らがリードする側の立場へ

その2年後、「今治タオルプロジェクト」がスタートする。これは中小企業庁が創設した「JAPANブランド育成支援等事業」を受けたもので、ここから今治タオルブランドが一気に花開いていく。取り組みを主導した佐藤可士和氏[*3]は、「今治タオルの本質的な価値は安心・安全・高品質である」と示し、ロゴマークの作成を始め本格的なブランディングに着手。今治タオルブランドの定義も明文化した。そして2007年にお披露目イベントが実施された。

同社はこの機に、ひびのこづえ氏[*4]とタオルパジャマなどを共同開発。今治タオルプロジェクト第1号認定商品となったこの商品は、同社の方向性を示す代表作として人気を博した。

この年は、もう一つ大きな挑戦があった。それは銀座の歌舞伎座近くに直営第1号店「イデアゾラ」(現在は「今治浴巾」)を出店したことだ。その後も出店を続けて現在は全国に9店舗[*5]。「店舗の売上げだけでなく、店舗を訪れた企業からノベルティ、記念品、お土産用など多種多様な〝企業別注〟の依頼が増えたことが、その後の成長を後押しした」と村上は笑顔を見せる。

同社の特徴の一つに、タオルパジャマに代表される新たな用途提案力がある。タオルシーツ、ピロケース、エプロン、マフラー、シャツ、ワンピースなどまで、品ぞろえは驚くほど豊富だ。

もう一つは糸へのこだわりだ。国内のみならず、海外からの仕入ルートも確立し、最高級の

＊3　ブランド戦略のクリエイティブディレクター。日本を代表する企業と数多くの実績を持つ
＊4　コスチューム・アーティストとして幅広い舞台で活躍
＊5　2024年7月に「大阪梅田KITTE店」を開店予定。目指していた10店舗を達成する

超長綿をはじめ、用途に応じた最適な糸を選び高い技術力で織る。その商品群の中に、パイル糸・経糸・緯糸までのすべてをオーガニックで貫くシリーズがあるのも他にない特徴だ。

「これまで私たちは、今治タオルのブランド力に支えられて成長を続けることができました。しかしこれからは、個々のブランドが先行して地域全体を盛り上げていく順番になるでしょう。現在私たちは海外展開も積極的に進めています。私たちがグローバルでのブランド力を高めることで、〝今治タオル〟の魅力を世界に知らしめ、今治のタオル産業を未来につなげていけるように、『まじめな、ものづくり』をこつこつと積み重ねていきたいと考えています」

Profile

村上 誠司（むらかみ せいじ）

1959年、愛媛県今治市出身。立正大学卒。東京日本橋の繊維問屋で3年間修行ののち、1986年に丸栄タオルに入社。専務取締役などを経て、2004年3月に代表取締役就任。

丸栄タオル株式会社

〒794-0811

愛媛県今治市南高下町1-2-30

☎0898-22-4176

創業：1958（昭和33）年

事業内容：タオル製品の製造・卸・販売。自社直営店舗（今治浴巾など）での小売業

https://www.maruei-towel.com

創業53年

幸南食糧

代表取締役社長 川西 孝彦

お米の持つ無限の可能性をどう引き出していくか 農業6次化を多面的に支援する〝小さな一流企業〟

「ライバルは競合他社じゃなくて時代の変化だ」。創業者・川西修のこの教えを受け継ぎ、お米の新たな市場創出に挑み続ける幸南食糧。「おくさま印」ブランドで親しまれる米穀卸・精米事業を中心に、ギフトやノベルティとしてのお米の販売、レトルト食品やパックご飯などの加工食品事業、〝稼げる農業〟を目指す第1次産業支援など、その取り組みは多彩だ。その中核には「お米の価値と魅力を伝える」というブレることのない強い使命感がある。

正月にはお餅、祝い事には赤飯、行楽にはお弁当やおにぎり、少し贅沢をしたい時にはお寿司など、お米は人生のさまざまな思い出のシーンを演出し、日々の食卓においても欠かすことができない存在だ。そんな日本人の〝主食〟も、少子・高齢化やライフスタイルの変化などによって、マーケットが急速に縮小しているという。

「お米の消費量[*1]のピークは1962年。当時は1年間で1人当たり118キログラムのお米を消費していました。しかし年々その数値は下がり続け、2020年には50キログラム強まで激減しています。必然的に生産量も、同じようなペースで減少しています」

そう説明するのは、幸南食糧2代目社長の川西孝彦だ。「日本の大きな課題の一つである食料自給率は、世界の主要先進国のなかでも最低水準で推移しています。そのなかでお米は97パーセントと国内需要をほぼ満たしてきましたが、このペースで生産量が減っていくと、さらに自給率を悪化させる要因になりかねません。一企業という枠を超えて、日本の食を支え続けてきた農業をどう守り育てていくか、お米の価値や魅力をどう発信していくか。それが、私たちに課せられた大事な使命だと考えています」

「エリアマーケット拡大」と「お米の新しい需要の創出」に挑戦

創業は1971年。川西の父親である修（現・会長）が、大阪府松原市で立ち上げた川西米穀店が歴史の出発点となる。市内にはすでに40店舗以上の米穀店があり、最後発での出発だったが、やがて市内でいちばんの繁盛店へと変貌を遂げた。

「当時のお米屋さんは大名商売がごく当たり前で、夕方早くに店舗を閉め、団地などへの配達

＊1　出典：農林水産省「食料需給表：令和2年度国民1人/1年当たり供給純食料」

は上階のお客さままでも1階に置いて帰っていたようです。しかし先代は夜遅くまで店舗を開け、灯油が切れたと連絡があれば深夜でも届けていました。約束した時間は必ず守り、もちろん高層階にもお米を担いで上がっています。そういった日々の積み重ねが、お客さまからの信頼となって広がっていきました。まさに〝泥臭い努力の塊〟の経営者でした」

経営の特徴は、早くから「人づくり」に注力してきたことにある。「初期はまだ武骨で不愛想なスタッフが多く、『挨拶もお礼もいえない会社なのか』と当時いちばんのお客さまから激怒され、取引を停止されたことがあったのです。それを機に、会長は『当たり前のことを当たり前に誰よりしっかりできる会社になろう』と声を上げ、〝小さな一流企業〟という理念が生まれました。『あいさつ、きれい、元気、身だしなみ、報連相』の5つがいずれも一流であり続けること。今も私たちの経営の中核にある価値観です」

事業面では、「仕入れてそのまま売っているだけの会社では発展がない」と早くから精米工場を建設し、メーカーとしての立ち位置を志向した。同社の看板となるブランド「おくさま印」は、関西を中心に多くの人に愛される存在になっている。

会社の継承は、周囲の予想より早く行われた。2011年、会長が65歳、川西が30歳の時で、その経緯は潔い。20歳以上も若い社長との商談の席で、汗をかき委縮している相手を見て、「この歳の差になると、もう本音は聞けないんだろうな」と即断したのだという。

（左上）1971年、創業のころの川西米穀店外観。（右上）パックご飯やレトルト食品の加工食品事業が順調に拡大している。（左下）幸南食糧の看板ブランドとなる「おくさま印」のお米

社長に就任した川西は、「エリアマーケット拡大」「お米の新しい需要の創出」の２つのテーマを掲げ、矢継ぎ早に新たな施策を推し進めた。

前者においては、東京、福岡などに拠点を設けて全国展開を図り、海外進出も進めた。後者ではお米の新たな可能性をとことん追求し、精米して販売するだけでなく、その先の消費者にどう食べてもらえるかまでを考えることを重視した。

２０１２年に設立した「米匠庵」はギフトやノベルティとしてのお米の価値を提案するもので、全国から選び抜いたブランド米を使用。産地や銘柄の付加価値創造にも一役買っている。

２０１５年にはサンスマイルデリカを設立して炊飯事業に乗り出し、翌年には食品開発センターを開設した。おかゆや炊込みご飯、アヒージョなどの「お米と一緒に味わって美味しい惣菜」まで、

パックご飯やレトルト食品の加工食品事業に着手。順調に品数を増やしている。

さらに、近畿大学農学部と精米機メーカーのサタケと提携し、独自の精米方法を開発。白米の美味しさそのままに栄養素をアップした「金賞健康米」を発表した。現在、提携産地を広げており、消費者に訴求するブランド力をどう高めていくかが次なるテーマとなる。

売れるモノづくりと仕組みづくりで、第1次産業を〝稼げる産業〟に

これらの集大成ともいえる取り組みが「地域活性化研究所」だ。米穀事業で長年培ってきた信頼やネットワーク、食品開発センターのモノづくり力に、米匠庵の商品企画力やデザイン力、これらをすべて相乗させることで、農業の〝6次産業化〟を支援するものだ。

「売れるモノづくりと売れる仕組みづくりを構築して、第1次産業を〝稼げる産業〟にすることが私たちの目標です」と、川西は言葉に力を込める。

例えば、東日本大震災の農業復興支援となる岩手県の米や醤油、味噌を詰め込んだ「岩手陸前高田応援セット」。産学連携プロジェクトによる大阪の食材を用いた「大阪生まれのトレビスリゾット」など、取り組みの形態は多種多様で、なかでも丹波大納言小豆をふんだんに使用した赤飯「赤鬼飯」は、大ヒット商品となったという。生産者はもちろん、地元の学生やイラストレーターなども参加し、地域ぐるみで推進していることが大きな特徴だ。

２０２１年には、ＮＰＯ法人農産物加工協会を設立。新商品開発に取り組む企業相互のマッチングや衛生管理研修、完成した商品の広報戦略などを包括的にバックアップ。そのネットワークは一気に広がり、食品メーカーを中心に１１０社ほどの会員が参加している。

このように新しいチャレンジに意欲的で、企業理念の軸がしっかりしているなどの理由から、就職志望先としての人気も高まっているという。「今の若い人たちは、その会社で自己成長ができるか、社会に役に立てるかを驚くほどしっかり考えています。そういった意欲的な人たちに魅力を感じてもらえるように、さらなる挑戦や改革を進めたいと考えています」

Profile

川西 孝彦（かわにし たかひこ）

1981年、大阪府出身。京都産業大学卒。金融機関勤務を経て、2006年に幸南食糧入社。2011年9月に代表取締役社長就任。

幸南食糧株式会社

〒580-0045

大阪府松原市三宅西5-751

☎072-332-2041

創業：1971（昭和46）年

事業内容：米穀卸・精米事業、食品加工、ギフト・ノベルティ事業、生産者支援事業など

https://kohnan.co.jp

創業67年

東信工業（ライフラインホールディングス）

「日本のライフラインを支える」強い自負を全員が共有 予防保全のニーズ拡大に人材力と〝信〟の姿勢で応える

代表取締役 山口 裕央

コンクリート構造物の耐震補強工事とパイプライン工事を軸に、社会インフラの維持補修事業を手がける東信工業。社名の由来でもある信用・信頼を何よりも重んじ、一方で自社の技術力が発揮できる事業領域に特化したことで、着実に業績を拡大してきた。2022年には持株会社としてライフラインホールディングスを設立。「日本の社会インフラを支えている」という、社員一人ひとりの自負の強さが、さらなる成長に向けた基盤となっている。

高度成長期以降に整備された社会インフラ、例えば道路橋、トンネル、河川、下水道などの老朽化が加速度的に進んでいる。国土交通省の資料[*1]によると、建設後50年を経過するものが2020年現在ですでに、道路橋で30パーセント、トンネルでは22パーセントにものぼり、20

＊1 （出典）社会資本の老朽化対策情報ポータルサイト「インフラメンテナンス情報」社会資本の老朽化の現状と将来

30年にはいずれもその割合が2倍近くになると試算されている。

一方で注目したいのが、不具合が生じる前に修繕やメンテナンスを行う「予防保全」は、不具合が生じてからの「事後保全」に比べてコストが大幅に抑えられると見積もられていること。そのため、予防策をどう進めるかは国家にとって喫緊の課題であり、社会インフラの維持補修事業を手がける東信工業が担うべき役割は、より一層大きくなっているといえる。

そんな同社の創業は1957年。現・社長の山口裕央の父、孝久が立ち上げた会社だ。「東京で一番あるいは東日本で一番、信用・信頼される会社でありたいという思いを社名に表したように、父は何よりも〝信〟にこだわった人でした」と山口は振り返る。

培ってきた個々の技術を、耐震補強領域に集約して大きく成長

「そのことを強く肌身で感じたのが、私が現場監督をしていた時。自分ではコストを最優先しつつも問題なく仕上げたつもりだったのですが、父はそこに何か引っかかるものを感じたのでしょう。『全部掘り起こして、もう一度やり直せ』と怒鳴られたことがあったのです」

見えないところでも手を抜かない、期待された以上の成果にこだわる。先代の仕事にかける情熱は並外れたものがあったという。「だからこそ、役所の方々にはとても頼られていました。父が亡くなってもう20年以上経つのですが、今でも当時を知る人に会うと『お父さんは凄い人

だったよね』と懐かしげに声をかけてくださったりするんです」

こうして積み重ねてきた〝信〟が、今の同社の礎になっている半面、「周りの期待に応えたいと事業の幅を広げ、そのつど投資を続けてきたこと」が、少しずつ経営の足かせにもなってきた。それが露呈したのが、先代が急逝し山口が2代目として後を継いだ時のことだ。

「職人としての技量がずば抜けていた父を筆頭に、個々の能力に負う部分が大きすぎたため、対応しきれない仕事ができてきました。手間のかかる工事ばかり増えたため、想像以上に採算が悪化していました。事業領域の再構築は必然でした」

当時、山口はまだ27歳。ベテラン職員とのぶつかり合いはかなりあったようだが、将来のあるべき姿を共有する仲間を増やしながら、「これから市場が伸び、自社の技術の優位性を発揮できる領域」に絞り込んだことで、業績は反転。社長就任直後、6億円から4億円へと急降下した売上げは、数年で倍増。今では25億円を超えるまでに大きく成長した。

事業集約にあたっては、上下水道管の入替えなどを行うパイプライン工事と、浄水場や下水処理場内の劣化対策工事などの得意分野を起点においた。そして処理場における施設の長寿命化のニーズに拡大を予見し、それまでに行っていた止水工事・防食工事に加え、新たに耐震補強工事にも着手。コンクリート構造物の長寿命化をワンストップで行う体制を整えた。

「中小規模の事業者で、ワンストップ対応を実現したのは、私たちが初めてだと思います。主

（左上）東信工業創業者の山口孝久。
（右上）工事成績評定で80点以上（※）を何度も獲得し、表彰実績も多い。
（左下）環境保全活動にも注力し、社団法人の運営（海岸の清掃活動）を支援する
※評定点は65点が基準値。80点を超える工事は極めて稀だという

にコンクリート製の浄水場や水再生センター、排水処理場向けの仕事が一気に広がり、受注の額も、1桁2桁と変わってきました」

しかし得られた成果はそれだけではなかった。

「補修の仕事はなかなか図面通りにいかず、現場での判断力が高いレベルで問われるのですが、施工範囲が広がり工期も長くなったことで個々の裁量が増えて、そのスキルが格段に上がったのです」

同時に、意識の変化も顕著に表れた。それは「自分の仕事の結果次第で、上下水道を使う人たちの生活に大きな支障をきたしてしまう」「自分たちがみんなのライフラインを支えているんだ」という強い自負と責任感だ。「私が力説するまでもなく、仕事の社会的価値を一人ひとりが自然と自覚してくれている。それは今後のさらなる成長に向けた、何よりもの大きな強みだと実感してます」

さらに、新たな提案や発言など何気ない日々のアクションを積極的に奨励し、受け入れてきたことで、「自発的・能動的な企業文化が育ってきた」と山口は言葉を続ける。

ホールディングス化の狙いは、仕事の機能分担と社員の成長の受け皿のため

施工管理を手がける東信工業を中心に、現場作業に特化した桐杏建設、工事書類の作成や工事PR[*2]などを行うLLアシスト。この3社で構成されるグループ力を強化するべく、山口は2022年9月に、100パーセント持株会社のライフラインホールディングスを設立した。

「構想は5年ほど前からありました。誰もが社長になれるチャンスを増やしたかったこと、各企業の機能を明確にして専門性を高め、BX[*3]を推進していくことで、新たなプラットフォームの構築やM&Aも含めたビジネスモデルの革新を進めていきたいと考えたからです」

そのなかで注目を集めているのが、LLアシストの展開だ。現場監督にとって書類作成や広報の負担は非常に大きく、「周りの経営者からも『早く自分たちにも提供してほしい』と頼まれている」というほど期待値が高い。2024年からその機能を順次開放していく予定だ。

この取り組みの根底にあるのは、「業界全体の底上げを図っていきたい」という山口の強い信念だ。それは人材教育についても同じことがいえる。7カ月にも及ぶ独自の教育プログラム「東信スタイル」を、近年さらに強化。研修の冒頭に「現場の工程の追体験」を行う座学を取り入

＊2　工事現場周辺の住民を訪問して、挨拶や工事の説明をすること
＊3　ビジネストランスフォーメーション。システムを通した業務改革のこと

れたことで、一人ひとりの成長速度が格段に上がっているといい、このような成功モデルをどんどん増やし、業界内での水平展開を進めていこうというのだ。その先には人材育成学校の設立や、人材紹介会社のグループ化構想などもある。

「直近では、外国人採用を大幅に増やし、施工管理の仕事に適性がある女性の採用にも力を入れています。さらに橋梁やトンネルなどへと事業領域を広げ、会社の可能性をしっかり発信していく。そして『この会社で働いて良かった』『この業界にはとても魅力がある』と多くの方に思っていただけるような、第一人者ならではの挑戦を加速させたいと考えています」

Profile

山口 裕央（やまぐち ひろひさ）

1974年、東京都出身。明星大学理工学部土木工学科卒。1996年東信工業入社。2001年12月に代表取締役就任。2022年9月、持株会社ライフラインホールディングス設立。

東信工業株式会社

〒120-0012
東京都足立区青井3-12-10
☎03-3849-5357
創業：1957（昭和32）年
事業内容：コンクリート構造物とパイプラインの再生、更生、耐震化、長寿命化にかかわる工事
https://t-kk.jp/ja/

創業47年

紀の国住宅

和歌山県内でトップを走る実績と信頼を糧に第2創業でさらなる高みを目指すハウスメーカー

代表取締役社長　林　裕介

「紀の国」の名前の通り、和歌山県内での注文住宅着工件数は9年連続1位。注文住宅を柱に関連事業を広く展開し、地元では圧倒的な知名度を誇る紀の国住宅。新築全棟にひのきの柱を密に使い、筋交《すじか》いの量も法律が定める基準を大幅に上回る。地震や台風に耐える頑丈さと、快適な居住性を両立するために、基礎や骨組み、床や壁の構造などの「見えない部分」に最も手間をかける姿勢は、創業時から受け継がれてきた同社の、最大の強みであり特色だ。

紀の国住宅は1977年に現・会長の林博文が独りで立ち上げた会社だ。若いころから独立志向が強かった会長が、『1人でもできる商売』として土地と住宅の販売代理を始めたという。「しかし当時扱っていた物件には杜撰《ずさん》なものもあり、販売後にクレームが寄せられることも多かったようです。そこで会長は『自分自身で納得できる品質の家だけを売りたい』と、自分で職人を手配して建築から手がけるようになりました」。2代目社長として経営の舵を握る林裕介は、会社の生い立ちについてこのように振り返る。

モットーは「高品質な住宅を、適正価格で」。時代とともに台頭してきたローコスト住宅には見向きもせず、品質重視のハウスメーカーとしての道を邁進した。そのために不可欠だったのが「職人の力」だ。「住宅会社がどんなにがんばっても、実際に家を建てるのは職人」と、基礎、左官、大工、屋根工事と、腕の立つ職人を集めて監督として現場で指揮をふるった。

しかし、技術はあってもビジネスマナーに欠けた職人たちの行儀の悪さゆえに、施主や近隣住民とトラブルになることも少なくなかったという。そこで先代は、徹底的な職人教育に乗り出した。技術だけでなく人間性を高める場として勉強会や講演会を企画し、言葉遣《づか》いや立ち居振る舞いまで指導した。そのかたわら、家族ぐるみの旅行や宴会などをたびたび主催して関係性を深め、やがて同社を支える職人集団が形成されていった。

一方で、経営者として注力したのが、住宅の付加価値を高める工法の開発だ。現在、同社の住宅の標準仕様になっている「頑丈柱組工法」や「頑丈剛床仕様」も先代の研究開発の成果であり、同社のブランド力の源泉になっている。

「仕事に厳しい人なので、ベテランのいかつい大工さんでも会長だけは怖いといいますね。ただし、レベルの高い作業を求めるゆえに、教育にも力を注ぐし、現場の作業性や安全性にも十分に配慮する。それに、いい仕事をしてくれる人にはきっちりいい仕事を回します。だから、うちの現場は仕事がやりやすいと職人さんたちも口をそろえてくれています」

今も新規顧客の大半は、同社で家を建てた顧客や、実際に家づくりにかかわっている職人や協力会社からの紹介だという。長年にわたって誠実に地域密着型でいい家をつくり続けてきたからこその信頼は、かけがえのない大きな財産となっている。

1996年には、同社の家づくりを支える協力会社会として「リボーン会」が正式に発足。大工や左官などの職人や設備業者はもちろん、会計士や行政書士などの士業をも含む113会員が加盟する。建築品質を守るための技術勉強会や、自主検査、安全パトロール、イベント企画など自主的な活動が活発に行われ、高い品質の維持に大きな役割を果たしている。

事業継承の伴走期間を十分に取って、親子2代で社内体制を充実

創業以来、成長を続けてきた同社だが、2000年代は苦戦を強いられた。90年代に売上げのピークを迎えてから一転、バブル期に取得した土地価格の下落が財務を圧迫し、後処理に追われたのだ。大学を卒業した後、東京で働いていた林が両親に呼び戻される形で入社したのは2005年。ピンチを乗り越えた後の、継承の基盤づくりを期待されてのことだった。

（左上）「リボーン会」の式典で挨拶する創業者（現・会長）の林博文。（右上）柱の数を通常の約1.5倍に増量して、耐震・耐久性を大幅に向上。（左下）和歌山市北島「ガーデンパーク和歌山」内のガーデンパーク展示場

営業や拠点開発などを経験しながら、徐々に経営への関与を深めていった林が、特に自分の役割として注力したのは、社員の採用と育成だ。自社の強みを生かすには、営業・集客機能のさらなる充実が必要と考えて、新卒採用に力を入れて社員をじっくり育成していった。

また、常務時代の２０１８年には紀州産材を活用して伝統的な民家をモダンにアップデートした注文住宅「きの家」を発表し、グッドデザイン賞を受賞。対外発信にも積極的に取り組んだ。

２０２１年、林は満を持して経営を継承する。しかし、そこから少しずつ迷いが生じてきたという。１年目は事業継承前に温めていたことを片っ端から実行して業績を伸ばしたが、翌期に資材の値上がりに苦しめられて赤字に陥ったこともあり、経営判断の軸を見失いかけたのだ。

技術力と組織力を武器にエリアを拡大し「関西スタンダード」の住宅づくりへ

「会長は長年トップダウン型経営だったので、自分の代では全員参加の自走型組織に育てていきたいとずっと考えてきました。なのに、少し業績が悪化しただけで社員を細かく管理しようとしてしまう自分に気づいたんです。こうしたブレの原因を掘り下げるうちに、自分には会長にあったような強い思いや使命感が欠けていることに思い至りました」

3期目以降はあらためて会社の存在意義に向き合った結果、「事業を成長させて上場し、社員が誇れる会社にする」という使命が自然に自分のなかに落ちてきた。「その瞬間にスイッチが入って、『やれることはまだまだある』と前向きになれました」と林は語る。

ここから生まれたのが「暮らしを創り、幸せを届ける」というパーパスだ。現在、全社員がパーパスをもとに自走できるよう、行動指針へ落とし込み、自走型組織にふさわしい指揮命令系統への再編に着手。まずは社長直下に幹部やプロジェクトリーダーの会議体として「経営企画室」を立ち上げ、メンバーへの権限委譲を進めているという。

「ミッション策定も任せているのですが、私からは何の指示をせずとも『2030年までに売上高200億円と株式上場を果たす』という目標が上がってきて驚きました。ハードルは高いですが、思いは同じであることが再確認できたので、全力で実現を目指します」

そのための中間目標が２０２７年の売上高１００億円だ。少子高齢化の深刻化や資材ショックの先行きも見通せないなど、市場環境は非常に厳しい。しかし和歌山県で長年トップを維持した実績と、それでもシェアは3パーセント未満という事実を重ね合わせれば伸びしろも大きい。「モデルハウスの戦略的な出展を進め、和歌山東部や南部、大阪や奈良へエリアを拡大していきます。そして50期までに積み上げた利益を次の飛躍の原資にしたい」。そう話す林が見据えるのは、「関西スタンダードの住宅」をつくり上げることだ。会長が育て上げた職人集団、自ら育成に当たった社員みんなの力を合わせ、第２創業期が本格的に幕を開けた。

Profile

林 裕介（はやし ゆうすけ）

1980年、和歌山県出身。麗澤大学卒。不動産会社などを経て、2005年に紀の国住宅入社。常務取締役、専務取締役を歴任後、2021年6月に代表取締役社長就任。

紀の国住宅株式会社

〒640-8335
和歌山市餌差町1-36
☎073-433-3911
設立：1977（昭和52）年
事業内容：分譲住宅並びに土地建物の売買、仲介
https://www.kinokuni-j.co.jp

創業55年

セーフティ&ベル

インターホンリニューアル工事に特化して大きく飛躍 サービス品質と提案力の高さで業界のトップブランドへ

代表取締役社長 宇佐見 聡

セキュリティを中心とした弱電工事でスタートし、2008年にオートロックマンションのインターホンリニューアル工事に特化したことで、業績は飛躍的に拡大。売上高・社員数ともに5倍以上の伸びを見せ、現在の施工数は年間約400棟。独立系事業者としては業界トップをひた走る。新市場への挑戦と営業体制の強化によって、創業以来培ってきた幅広い専門力・技術力がみごとなまでに相乗。圧倒的な競争優位性をつくり出す原動力となっている。

「インターホンのリニューアル工事に必要なのは、インターホンの知識や技術だけではありません。マンションの玄関口は多様な機能を持つ場所だけに、付帯する工事が多く、この機会に他の設備も見直したいという要請もたくさん寄せられるからです」

セーフティ&ベルの2代目社長である宇佐見聡は、「当社が選ばれるわかりやすい事例」として、実際の施工現場で受注に至ったストーリーを説明する。

「マンションの管理会社からリニューアルの相談を受け、数社ほどの同業が呼ばれました。打合せを進めていくと、『宅配ボックスも付けたい』『電球をLEDに変えたい』などと依頼が増え、そのたびに辞退する会社が出てきました。『ガスや消防の検知器も取り替えたい』と要望が出た時には残り2社。さらに『各住戸の鍵をもっとセキュリティの高いものに変えたい』と話が膨らんで、もはやすべてに対応できるのは当社しかいませんでした」

求められるのは幅広い機器への知見と、施工力、必要資格の所持。鍵の取り扱いなどセキュリティ対策は特に難易度が高く、ワンストップで対応できる電気工事会社は極めて稀だという。メーカーに縛られない商品選定ができる〝独立系〟の強みも、これらの優位性を後押しした。

「先代が全力で取り組んできた歴史や実績、そして技術力。そういったものがすべて積み重なって可能になった、まさに55年の歴史に裏打ちされた事業だと感じています」

サービス業としての意識徹底と提案型営業の強化で社内を改革

電気系の専門学校に在学中、宇佐見弘（現・会長）が友人とともに有線工事を手がける信洋電機を立ち上げたのが1969年。これがセーフティ&ベルの出発点になる。

「当時は、大手警備会社が機械警備に力を入れ始めたころ。機器の取り付け工事ができる会社を探しているなかで、知り合い伝いに先代に依頼がきて、警備盤やセンサーの取り付けなど業務の裾野が広がっていきました。その後、先方の事業の拡大に応えていくなかで、私たちのセキュリティ領域への知見が蓄積されていくことになりました」

業績自体は順調に伸びていったものの、やがて先代は1社依存の経営に危機感を持ち始め、脱下請けを模索する。ここで営業部を新設し、大手ハウスメーカーへのアプローチを試みた。

「最初はかなり苦労したようですが、大手クライアントと直接取引ができる体制ができたことは、その後の経営の何よりもの財産となっています。一方、住宅向け事業を始めたことで、防犯カメラやホームテレホンなど取り扱いの幅が増え、現在の主力事業であるインターホンも、このころから少しずつ手がけるようになってきました」

そう振り返る宇佐見の入社は2004年。社内をもっと明るく、一人ひとりが自信を持てる会社にしたいと、まずは〝雰囲気づくり〟に力を入れた。「予想以上に効果が高かったのが、社内と会社の周りの掃除です。初めは嫌々だった人たちも、習慣化するにつれ能動的になっていった。コミュニケーションが活発になり、隣近所の方から感謝されたりと交流も増えました。掃除の習慣は、今でも当社のアイコン的な取り組みとしてしっかり受け継いでいます」

その成果を踏まえ、さらに一歩踏み込んだのが〝サービス業〟としての意識の徹底と、〝提案

（左上）創業者の宇佐見弘。1986年ころオフィスにて。（右上）社内に研修環境施設「弱電アカデミー」を設置。（左下）「Bellcierge®」のサービスメニューの一つ、ライフスタイルマガジン「ENTLINK®」

型営業〟の強化だ。「講師を招いてマナーを学ぶ、身だしなみを大切にする、入室時は消臭剤を使い、事前にきちんと工事の説明をするなど、今でこそ当たり前の話ですが、私たちは20年近く前から力を入れてきました」

一方、提案型営業の核になるのは、〝お客さまの想像を超える感動〟を提供する企業姿勢だ。「日ごろ抱えている悩みをお聞きしながら、まだ顕在化していないニーズもしっかり捉えていく。お客さまの立場に寄り添った〝オーダーメイド型〟の提案こそが、私たちの真骨頂です」

２００８年、宇佐見は先代を説得して事業の選択と集中を決断する。「オートロックマンションが普及して20年以上が経過して、多くのインターホンがリニューアルを迎えるようになってきました。しかしメーカーに施工体制はなく、新築を請け負ったゼネコンもそういった細かな対応はできません。市場はまだ黎明期。リニューアル需要は増加する一方。自社の強みを最大限に生かせる。これは絶対にチャンスだと、他社に先んじて特化していくべきだと、すべての力をここに注いだのです」

目論見通り業績は急伸。その後、東日本大震災時など苦しい時期は幾度とあったというが、それでも旺盛な需要に支えられ、業界の第一人者として市場をリードし続けた。

インターホンリニューアルの実績を生かして、居住者向け新サービスを開始

「しかし、思わぬ落とし穴がありました。需要が右肩上がりであれば、営業が強ければ、事業は確実に成長するもの。それは、みごとなまでに幻想でした。急激な半導体不足により、インターホンが市場に出てこなくなったのです。出てきても、ほとんどが新築のほうに回ってしまう。もう会社が持たないんじゃないか、というところまで追い込まれました」

この時、先代が苦闘した〝1社依存からの脱却〟の歴史を思い出す。「インターホン一本やりのビジネスでは、また同じような危機が来るかもしれない」と。

そこで力を入れ始めたのが、ソフトの領域だ。居住者の登録管理、掲示板管理、理事会の運営管理、来客駐車場やゲストルームの予約・支払いなど、居住者相互のコミュニケーションや施設利用の円滑化を図る新サービス「Bellcierge®（ベルシェルジュ）」の開発に着手した。培っ

てきた知見やネットワークを生かせる事業として、今後に大きな期待を寄せているという。

これまでの会社の歴史を振り返って、宇佐見は「多くのチャンスをもらったり危機を救っていただいたり、そういった人の縁の重みを痛切に感じている」と語る。同時に「苦難と喜びをともにしてきた仲間への感謝も忘れてはいない」と、言葉を続ける。

今後は教育、成長そして自信へとつながるサイクルを強化するために、「弱電アカデミー」の運営など学びの機会を増やし、さらに企業の規模・ブランド力の向上を図ることで、社員一人ひとりがより強く成長を実感できる会社にしていくことが、宇佐見が自らに課した使命だ。

Profile

宇佐見 聡（うさみ　さとし）

1971年、神奈川出身。和歌山大学卒。寺岡精工を経て、2004年セーフティ＆ベル入社。2013年11月に代表取締役社長就任。

株式会社セーフティ＆ベル

〒135-0063
東京都江東区有明3-5-7
TOC有明イーストタワー13階
☎03-6431-9801

創立：1969（昭和44）年
事業内容：集合住宅用インターホンシステム、入退室管理システム、防犯・監視カメラシステムなどの新設・リニューアル工事
https://safety-bell.com/

創業59年

豊和工業

電力線地中埋設工事を通じて都市のインフラ整備に貢献 社会に必要とされ続ける「健全で誠意ある企業」へ

代表取締役 村上 圭

高圧電力線の地中埋設工事の第一人者として、創業以来安定した電力供給の黒子役を担ってきた豊和工業。創業者の村上勇は「日本の戦後復興と育った故郷の発展」を志し、建設大臣、郵政大臣などを歴任した立志伝中の人物であり、その視座の高さは「業界全体の健全な発展に寄与したい」という現・社長の経営姿勢にしっかり受け継がれている。根幹にあるのは「建設人和」の言葉に込められた、かかわるすべての人との共存共栄の精神だ。

「建設業は一人の力でできるものではない。人が集まり和となって、一つのものを創り上げていく。だからこそ、自分たちだけが儲かって良い思いをするのではなく、豊和工業にかかわるすべての人たちの生活水準向上のために努力し、幸せにしていくことが大切である」

社長の村上圭は、創業者である曾祖父が記した『建設人和』の文字に込めた思いを代弁しながら、同社の企業文化の源流にあるものを説明する。

「曾祖父の故郷である大分に戻ると、『窮地に陥っていた時に、村上先生には大変お世話になった』『あの時に助けていただいたおかげで今がある』などといった言葉を、今でもたくさんいただきます。そういった歴史を持った会社であることを、私たちは誇りを持ってしっかり受け継いでいきたいと考えています」

同社の設立は1965年。東京オリンピック開催の翌年であり、「いざなぎ景気」と呼ばれる高度経済成長時代がまさに始まろうとするタイミングだった。

「戦後の復興時にはスピードが最優先され、電柱を立て、電線は地上に張り巡らされました。しかし災害時の安全や安定供給を考えると、地中化を推進していくべきだという機運が高まり、その流れを受けて電力線地中埋設工事の専門会社として当社が立ち上がりました」

海外の主要都市において、無電柱化率[*1]はロンドン、パリ、香港、シンガポールと軒並み100パーセントであり、グローバルでは地中化が標準だ。しかし日本では、東京23区でもいまだに8パーセントに過ぎない。古くて新しいテーマなのだ。

それゆえに「仕事の依頼は受け切れないほどある。その要請に応えられる社内体制をどうつくっていくかが、私たちの最大のテーマです」と、村上は置かれている現状を説明する。

＊1　出典：国土交通省「欧米やアジアの主要都市と日本の無電柱化の現状」

二度のピンチを乗り越え、東京電力との信頼関係をより強固に

では、同社が手がける電力線地中埋設工事とは何か、事業の具体的な内容を村上に聞いた。

「私たちが地中化を図るのは高圧ケーブルで、皆さんの家庭に引き込まれている電線（低圧引込線）とは違います。例えば、ビルや工場、商業施設、住宅団地など、大型の開発を行う時に必要とされ、私たちはケーブルを通す管を埋設していく役割を担っています」

地中には下水道管やガス管など、すでに多くの管が張り巡らされ、地中杭など予期せぬ障害物が飛び出してくることも珍しくない。そういった制約のなかで、現場がどれだけ柔軟に機動的に動けるか、そこに60年の歴史の積み重ねの強みがある。大手ゼネコンから「自分たちには、この工事はできないからお願いしたい」との相談を受けることも幾度となくあるという。

工事においては、創業時から変わらず東京電力グループとタッグを組む。国策的に始まった事業でもあり、業績は安定した成長を続けたが、それでも二度の危機に直面し、経営の大きな決断に迫られる時があった。

一つは、バブル崩壊後。企業の新規投資が落ち続け、その余波をもろに受けたものだ。20億円目前まで行った同社の売上げは、4分の1にまで激減したという。ここでは2代目（現・相談役）の原敬治郎のもと、新橋にあった本社を移転するなど固定費を切りつめて窮地をしのい

（左上）創業者の村上勇が揮毫した「建設人和」の額は、今も社内に掲げられている。（右上）2022年10月に竣工した、豊和工業新本社社屋（東京都大田区）。（左下）電力線地中埋設工事の作業風景

だ。この時、土木系の他の事業にも挑戦したが、「自分たちにも十分こなせる技術がある」との手応えを得つつも、「やはり餅は餅屋だ」と本業に特化していくことをあらためて確認した。

　もう一つは、東日本大震災だ。甚大な経営ダメージを受けた東京電力から離れていく企業が少なくないなかで、同社は運命をともにする選択した。この時、本来はＪＶの予定だった8億円規模の工事を単独受注することになり、業績反転の大きな契機になるとともに、信頼関係をより強固にしていくことにもつながった。

　村上の入社は、この震災の2カ月前。「驚いたのは、社内ではまだそろばんが使われ、手書きの書類がやりとりされていたこと。一方で、本社と現場の乖離が大きく、円滑なコミュニケーションをどう図っていくかも大きなテーマでした」

そこで、社内からの人望が厚かった先代（現・会長）の寺本真太郎の協力を仰ぎ、システム化の推進、就業規則の見直し、経営理念の策定、人事育成部の設置などを次々に進めていった。2022年6月、改革に一定のめどをつけたことを機に、村上が社長に就任する。

まずは自社で取り組み成果を出し、業界全体の底上げにつなげていく

「子どものころからサッカーを通じて感じていた、チームで喜びを分かち合うことの幸せ。会社でもそういう関係をつくっていきたい」と村上は語る。「そのためにも、一人ひとりが重要な役割を担える存在になる必要があり、教育には特に力を入れています」

ステージ1から5までのキャリアプランを明確にし、確実にステップを上げていくために面談・フォロー・評価の仕組みを整えた。「それまでは『背中で覚えろ』といった現場中心の指導でしたが、座学研修も取り入れ、仮配属から本社研修までトータル3カ月ほどみっちり実施。社内の成長スピードが格段に上がってきたことを実感しています」

さらに顕著な変化があったのが、女性社員が増えたことだ。社長就任直後に新本社が完成。「当社ならびに土木会社のイメージを変え、従業員のウェルビーイングを高めること」を目的としたものだが、女性専用室にはシャワールームを設置し、女子トイレを増やし、オリジナルのアロマも開発。相談相手として女性メンターを置くなど、女性が働きやすい環境を整備した。

これらの一連の改革に、共感の輪が広がっているという。例えば人材紹介会社も、村上の資質や会社の可能性に惚れ込み、積極的に求職者にアピール。順調な採用につながっているという。一方で、地域全体あるいは業界ぐるみで、人を育てたり、コミュニケーションの場をつくったり、そんな機会を増やす動きも出てきている。

「社是に掲げた『人と社会に愛される会社、健全で誠意ある仕事』を第一に、しっかり業界トップも狙っていく。その挑戦や成果を幅広く共有しながら、若い人や女性が働きたいと思える業界になるように。その先導役を担っていくことが、私たちの何よりもの使命です」

Profile

村上 圭（むらかみ けい）

1981年、東京都出身。明治学院大学卒。医療系コンサルタント会社を経て、2011年に豊和工業入社。2022年6月、代表取締役就任。

豊和工業株式会社

〒143-0013
東京都大田区大森南1-18-8
☎03-3745-7141
設立：1965（昭和40）年
事業内容：電力線の地中埋設工事
http://www.houwakk.co.jp/

創業50年

まいにち

阪神・淡路大震災の被災地の窮状を見て第2の創業 災害用トイレを通じて〝もしも〟の時の安心を届ける

代表取締役社長 勘米良 遊学

道路が陥没した、街が浸水した、橋が流されたなど、地震や台風などの大災害でニュースになるのは、視覚的に訴えやすいものになりがちだが、実は〝トイレ〟の問題も忘れてはならない切実な問題だ。その悩みを解決するべく「災害用トイレ処理セット」を開発し、社会への浸透を図ってきたのが、まいにちだ。そのきっかけは1995年、創業者が阪神・淡路大震災の被災現場で、避難所の壮絶なトイレ事情、水事情を目撃したことにあった。

空腹はある程度まで我慢できても、排泄を一日中我慢することはとてもできない。それほどに日々の排泄行為は人間にとって重要なことだが、「当たり前に使っているトイレが機能しなくなる時が来ること」を想像する機会は、ほとんどないのではないだろうか。

「被災時には、水が出なくなったり停電になったりして水洗トイレが使えなくなるだけでなく、水と電気が大丈夫でも、建物の配管や下水道、浄化槽などが破損していると、管が詰まり逆流して家のなかや道路に汚物が溢れ出したりします。トイレの機能自体は正常でも、こういったトラブルが起こり得ること、そこまではなかなか思いいたらないかもしれません」

そう語るのは、2022年にまいにちの2代目社長に就任した勘米良遊学だ。

「一方、災害時には仮設トイレが用意されますが、被害が甚大であるほど運搬に時間がかかります。必要な数を揃えるのも大変です。管理がままならず、臭いや衛生面で問題を抱えることも少なくありません。ライフラインが止まること以上に、悪臭のなかで日々を過ごすことは非常に辛いこと。感染症のリスクも高まります。創業者である父は、1995年の阪神・淡路大震災時に、被災した知人を支援するべく現地に入った時に、その窮状を目の当たりにして、〝もしもの時の備え〟となる新たな器具の開発をしようと、事業の大転換を図ったのです」

あらゆる人や企業にとって〝被災リスク〟がより身近なものになっている

同社の創業は、デザイン会社としてのスタートだった。子どものころからクリエイティブなことが好きで、大阪芸術大学在籍時からすでにチラシ制作などの仕事を受けていた勘米良和則が、1974年4月に立ち上げた「毎日デザイン事務所」がその前身となる。

大阪府から依頼された仕様イメージを基に、同社初の災害時用簡易トイレ「マイレット」が完成したのが1999年のこと。この商品は、従来の仮設トイレをテント化したような形状で、より軽量で持ち運びを容易にした〝組み立て式〟の構造だった。

2003年から2年間で、およそ1200台のマイレットを大阪府に納品し、立ち上がりから億単位の売上げとなったが、その後はしばらく伸び悩んだ。自治体にとっても日本人一人ひとりの意識のなかでも、〝防災〟という言葉がまだまだ浸透していなかったからだ。

しかしこの間も、同社はさまざまな商品開発を続け、吸水ポリマーの技術開発に優れたメーカーとの出合いを機に、〝凝固タイプ〟のトイレ処理セット（マイレットmini10シリーズ、Sシリーズ）を2007年に発売したことが、次なる大きな転機となった。

「組み立て式は大型で高価でもあり、多くの人にとって身近な商品ではありませんでした。しかし凝固剤を用いた〝携帯タイプ〟[*1]にしたことで、会社や家でも常備しやすくなったのです」

その数年後、日本中を震撼させたのが2011年3月に発生した東日本大震災だ。この時、業界全体で在庫切れが相次ぎ、「マイレット」がその不足分を補完する形で各地に広がったことで、同社の存在感が一躍高まっていくことになった。

このころから、日本でも災害時への備えに対する人々の意識が格段に強くなり、BCP[*2]が企業経営の重要なキーワードとして問われるようになった。さらに近年は、毎年のように各地で

＊1　抗菌性凝固剤、排便袋（PE製黒）、持ち運び袋（PE製白）、ポケットティッシュをパッケージにして提供される

＊2　Business Continuity Plan（事業継続計画）

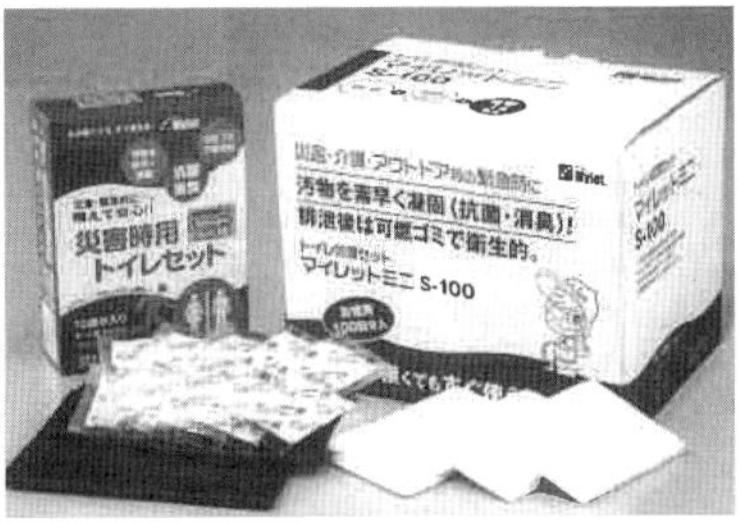

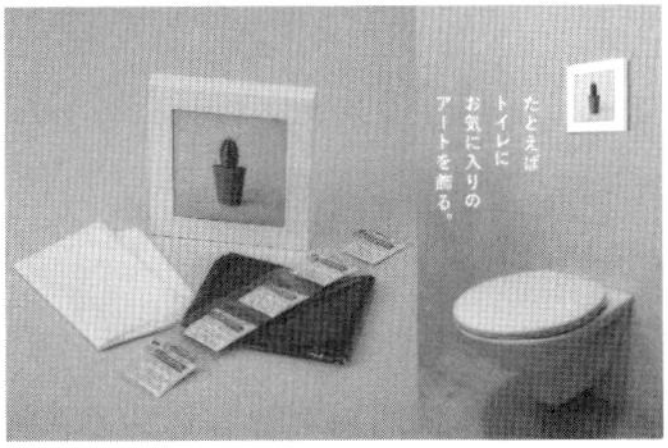

（左上）2007年に発売開始した「マイレットminiシリーズ」の初期デザイン。（右上）現在の主力商品「マイレットmini10」、「S-100」。（左下）「フェーズフリー」を意識した飾れる災害用トイレ「アートトワレ」

水害が起きており、あらゆる人や企業にとって〝被災リスク〟は他人ごとではなくなってきた。

このような環境の変化のなかで、自治体の〝もしもの時のための備え〟も少しずつ活発になってきている。例えば東京都港区は、26万5000にのぼる全世帯に、4日20回分[*3]、合計530万回分の携帯トイレの支給を決めた。同様の動きは、首都圏の他の自治体でも進んでいる。

ただ、それでも動きが重い自治体のほうが圧倒的に多く、同社ではさらなる発信と啓発に注力している。一方で、「子どもたちに防災の必要性を学んでもらう機会」を積極的につくり、地域の小学校とともに防災についての講習会の実施や、マイレットの提供などを行っているという。

個人向けの市場開拓も近年の注力テーマだ。押し入れのなかにしまったままではなく、例えば壁

＊3　内閣府『避難所における トイレの確保・管理ガイドライン』では、携帯トイレの備蓄目標数として、3日以上1日5回分を推奨している

掛けアートやインテリアなどと一体化して、より身近に手軽に、そして緊急時にすぐ使えるような、今までにない発想の商品の開発に力を入れている。

また「キャンプと防災」の親和性の高さから、アウトドア市場向けの展開も強化している。事業の裾野をさらに広げていくためにも、〝災害対策〟一辺倒ではない、フェーズフリー[*4]な商品戦略は今後の重要なキーワードになりそうだ。

BCPに求められるのは、〝安心して生活できる環境〟を持続していくこと

もう一つ、今後の大きなマーケットになると見込んでいるのが、介護施設と道の駅だ。前者では安定した施設運営のためのBCP策定が2024年3月までに義務づけられ、後者では災害が起きた際の防災拠点機能を強化した「防災道の駅」構想が進んでいる。2021年に第1弾となる39カ所が選定され、今後さらに約500カ所が予定されている。

「BCPという言葉は、企業における事業の継続という目的だけでなく、その街で暮らす人たちがみな安心して生活できる環境を持続していくことまで含めた、広義の意味を持ってくるのではないかと考えています」

このように、同社が担うべき役割は一段と大きくなっており、だからこそ勘米良は、社内一体となって新たな挑戦を続ける企業風土の醸成に力を入れる。

＊4　身の周りにあるモノやサービスを、日常時だけでなく非常時にも役立つようにデザインしようという考え方

＊5　全国に300以上の代理店・販売店をネットワークしている

「先代は類まれなる着想力、行動力、そして包容力で、社内を引っ張ってきた経営者でした。その思いや情熱、お客さまとの信頼関係を受け継ぎつつも、私自身は〝みんなと一緒につくり上げる〟リーダーでありたいと思っています。一人ひとりが自分ごととして会社に向き合い、アイデアを寄せ合い、新たな市場を考え、前を向いて挑戦しようという意欲をしっかり受け止めていきたい。そして社内はもちろん、代理店さんや小売店さん[*5]とも協力し合いながら、この〝社会意義の高い仕事〟の未来の可能性を考えていく。その成果を喜びとしてみんなと分かち合っていけるような、いつも笑顔あふれる会社にしていくことが私の何よりの願いです」

Profile

勘米良 遊学（かんめら ゆうがく）

1977年、大阪府出身。大阪産業大学付属高等学校卒。ガソリンスタンドのアルバイトや、派遣会社での管理職や営業などを経て、2007年まいにち入社。2022年10月、代表取締役社長就任。

まいにち株式会社

〒596-0825
大阪府岸和田市土生町2-7-14
☎072-438-7358
創業：1974（昭和49）年
事業内容：水のいらないトイレ処理セット「マイレット」、フェーズフリーな非常用トイレ「アートトワレ」の商品開発・販売
http://my21.jp/

創業41年

カクノ

地盤改良工事を軸に得意を補完し合う関係を強化 会社にかかわるすべての人に〝笑顔〟を分配できる存在へ

代表取締役 角野 大輔

1983年に建築資材商社として設立され、やがて市況の低迷や業界の再編などの流れを受けて事業転換。地盤改良工事を軸に独自の評価を確立し、新たな成長軌道に乗せる。重視しているのは、目に見えない場所で行われる工事だからこそ求められる信頼の追求と、公共施設や土木インフラ、ビルなどの安全・安心を支える〝なくてはならない事業〟としての自負。その中核にあるのが、受け継がれてきた「カクノ品質」に対するこだわりだ。

「自分の会社のことだけを考えるな。お客さまあってこその私たちであり、ともに育っていこうという姿勢を大切にしなくてはいけない。もちろんそれは、社員に対しても同じだと。創業者である祖父は、繰り返し語っていたと聞いています」

そう語るのは、カクノ3代目の角野大輔。「私が社長に就任するにあたって『自分はこれからどんなことをしたいのか』を突き詰めて考えた時、出てきた答えは、やはり祖父と同じでした。社員や、その家族、お客さまなど、私たちに携わってくれているすべての人たちが笑顔になってくれること、そして『ありがとう』といってもらえる会社をつくっていくこと。そこにすべてがあるとたどり着いたのです」

この思いをよりわかりやすく社内外で共有できるように、角野は『笑顔を分配する』の言葉を軸に、新たに企業理念を策定した。創業者も季節ごとに果物を配ったりするなど、周りの人を笑顔にすることがとても好きだったといい、まさに受け継がれてきた同社のDNAを明文化したものといえるだろう。

早くして失った母親への恩返しの気持ちで会社を受け継ぐことを決意

和歌山の骨材屋の次男だった角野通男が、家を飛び出して大阪で建築資材の販売を始めたのが、同社の歴史の始まりだ。商売の中心は、扱いなれた骨材。骨材とは、コンクリートやモルタルをつくる際に、セメントや水と一緒に混ぜ合わせられる砂利や砂などのこと。

主たる販売先は地元大阪のセメント会社だが、仕入れる砂は岡山から川砂、佐賀の唐津から海砂、さらには中国からも取り寄せるなど、そのネットワークは多岐にわたった。

2代目の幸雄は、創業者の娘婿として後を継ぐ。培ってきた事業基盤をさらに広げ、最盛期は売上高が50億円、利益も数億円に上る規模にまで育て上げた。

しかし、バブルの崩壊によって経済が低迷し、1990年代後半からは公共事業投資が大幅に削減されていった。セメント業界は、その影響をもろに受け市場規模は縮小し、企業再編などの動きも加速する。幸雄は、業態転換を図る必然性を痛感していた。

その期待を背負ったのが、現・社長の角野だ。「子どものころは、この会社を受け継ぐことにそんなに深い意識はありませんでした。しかし、21歳の時に母が亡くなって。ずっと大切に育ててもらったのに、親孝行をする機会もなく旅立ってしまった。そんな母にどんな恩返しができるかを考えた時、婿を取ってまで残そうとしたこの会社を守ることが、自分が果たすべき役割だと思ったのです」

大学卒業後は、「これからは、この市場が伸びるはず」との先代の助言を受けて、地盤改良事業を手がける専門会社に就職。1年間修業をし、その会社とのつながりのなかで新規事業を立ち上げた。すでに商社事業の売上げは半減しており、先代が既存事業、角野が地盤改良に特化する形で役割を分担し、新たな可能性に挑むことになった。

「最初の仕事は、大阪のJRの高架下。新たに商業施設をつくるにあたり、地盤の強化が必要になったものです。施工の方法は、水やセメントと現地の土を攪拌混合した柱状のものを地下

（左上）祖業となる骨材（砂利や砂）の置き場。（右上）社員全員で成果を喜び合える、一体感ある社風を目指す。（左下）地盤改良用（鋼管杭を打ち込む）の杭打機

につくることで、基礎や建物を支えられる強度を確保するもの。〝スラリー注入混合工法〟などと呼ばれ、当時の私たちの工法の中心でした」

誰よりもドロドロになって一生懸命にくらいつき、「今に見とけよ」という強いハングリー精神を前面に、やがて新規事業として開花。業界内での評価を高めていった。

信頼の要にあるのは、仕事への〝主体性〟が高い企業風土だ。「指示されたことをただ実行するだけでなく、事前の段取りや手配、工程管理、事後の検査など、現場を俯瞰しながら判断していく力が個々人にある。表から見えない場所の工事だからこそ、『カクノに任せれば大丈夫』という安心感がより重要になると考えています」

このような仕事の成果や、現場への評価、これからの期待値など、日々の積み重ねから生まれる

目に見えない価値。安全・安心を支える〝なくてはならない事業〟としての自負。角野は、それを「カクノ品質」という言葉で表し、自社の最大の強みとして大切に守り受け継いでいる。

一人ひとりが主人公として活躍できる舞台をつくる

角野は中高生時代、野球に没頭していた。また大学時代は、役者を目指し舞台での活動に力を入れていた。共通しているのは、一人だけの頑張りではうまくいかないこと、チーム全体で成果を喜び合えること。だからこそ「私たちに携わってくれているすべての人たちが笑顔であること」にこだわり、一人ひとりが主人公として活躍できる舞台づくりに腐心する。

「現場の裁量を増やすのはもちろん、それぞれが自分らしく働ける環境そのものをつくっていきたいと考えています。当社では、地盤改良工事を起点に、鋼管杭工事、土壌汚染改良工事、法面工事などへ業容を広げてきましたが、その中心にはいつも社員がいました。『こんな事業を手がけられないかな』と最初の提案こそ私からですが、その言葉を受けて『ぜひやってみたい』と手を挙げ、実際に進めていく時は、社員主導。今では、私よりもみんなのほうが、工法や現場についてずっと詳しいんです」と、角野は笑顔を見せる。

これらの裾野の広がりは、同社の事業のあり方を大きく変える可能性も秘めている。単に工事の依頼主が増えるというだけでなく、自社の技術を提供することで、元請けが受注できる仕事の領域を増やすことにもつながるからだ。実際に、双方向で強みを補完し合うＷｉｎ－Ｗｉｎの関係がすでに生まれつつあるという。

「私たちの工事実績には、日本を代表するようなビルや、プロジェクト、テーマパークなどがいくつもあります。ただ、私たちは黒子であり、表に名前が出てくることはほとんどありません。それでも『カクノの工事なら安全だ』という信頼が、元請け企業の評価をも高め、それが少しでも社会の目に触れるように。そういった発信やブランディングを図っていくことで、働くみんなの誇りややりがいにつなげていきたいと考えています」

Profile

角野 大輔（かくの だいすけ）

1981年、大阪府出身。日本大学卒。地盤改良工事会社に勤務後、2005年カクノ入社。専務取締役を経て、2018年に代表取締役就任。

株式会社カクノ

〒552-0003
大阪市港区磯路3-19-4
☎06-6576-1651
設立：1983（昭和58）年
事業内容：地盤改良工事、土壌汚染改良工事、鋼管杭工事などの土木・建築工事
https://kakuno-inc.co.jp

創業71年

山陰放送

〝情報エッジ〟を磨き、情報を知識に、さらに知恵へと昇華　テレビ、ラジオを通じて山陰地区の暮らしを豊かに

代表取締役社長　坂口 吉平

山陰地区（鳥取・島根）初の民間放送局として1953年[*1]にラジオ山陰を設立し、6年後にテレビ放送事業を開始。地元ではBSSの愛称で親しまれ、「進取の気性に富む」といわれる商都・米子の気っ風を受け継ぐ、時代に先んじた番組づくりが持ち味だ。大切にしているのは、情報を通じた地域との信頼関係、受け継いできた〝のれん〟の重み。さらに情報の質を高め、地域への貢献に力を入れるとともに、従来の枠組みにとらわれない新事業にも乗り出している。

「山陰にもぜひ民放を！」。この強い使命感を抱いて、ラジオ山陰（現・山陰放送）の開局に中心的な役割を果たした〝7人の侍〟がいた。

「ラジオ放送は長くNHKの独占でしたが、1950年に放送法、電波法が制定されて民間参

＊1　ラジオ山陰の開局は1954年

入が可能になりました。すぐに全国で次々と民放が設立されていくなか、山陰地区はその流れに完全に乗り遅れてしまったのです。そこで地元経済界の有志が意を決して立ち上がり、その一人が創業時にトップ（取締役会長）を務めた、私の祖父・坂口平兵衛でした」

そう振り返るのは、6代目社長となる坂口吉平だ。「当時の放送事業は、今でいうスタートアップのようなもの。『モノではなく電波を売る』というビジネスを理解する人はほとんどいませんでした。出資者集めには相当苦労したようで、最初のオフィスはなんとパチンコ店の2階を間借りしたもの。パチンコ玉の飛び交う音や景気づけのアナウンスなどに常に悩まされ、『パチンコ放送局』と周りから揶揄されたものでした」

このころ同社の株主には、10株20株といったごく少数の株を保有する者が500名ほどいたという。経営陣が資金集めやスポンサー探しにどれだけ苦労したかを如実に物語るものだが、同時に地域との密な関係から生まれた放送局という証でもあった。

開局時から続く超長寿番組「音楽の風車」は、延べ放送回数2万5000回超

会社の歴史、そして山陰地区の経済・産業を語るうえで見逃せないのが、坂口財閥の存在だ。米子に本拠を置き、1888年の製糸紡績業を皮切りに、銀行業、鉄鋼業、電力業、汽船業、倉庫業などを立ち上げており、鳥取・島根にまたがる地域振興の中心であった。

当主は代々「坂口平兵衛」を襲名し、放送局の立ち上げにかかわったのは13代目。資産管理会社として後を継ぐ「坂口合名会社」の15代目が、現・社長の坂口の兄となる。このような「地域産業の発展に貢献してきた」代々の系譜が、坂口の経営観の原点になっているという。

創業から70年を超える同社だが、開局時から続く世界屈指の長寿番組がある。それが延べ放送回数2万5000回を超える「音楽の風車」だ。

1年365日欠かさずお昼どきに放送され、休止になったのは昭和天皇崩御の日をはじめごく数日。「久しぶりに里帰りをした際に、以前と変わらないテーマ曲を聴いて故郷を実感しました」などの声が数多く寄せられる、まさにご当地番組の象徴的な存在だ。

その後ラジオでは、1960年代からニュースや交通情報、町の話題などの生活情報を届ける生ワイド番組を開始。テレビでも1977年からローカルワイドニュース「テレポート山陰」を放映するなど、いずれも他局に先駆けて地域密着・生放送の番組づくりに注力。「新しもの好きの米子人」の本領を発揮してきた。

やがてメディアの中心はテレビに移り、高度成長期からバブル期へと〝テレビ黄金時代〟が到来する。同社も活況に満ちた時代が続いた。それでもバブル崩壊による景気の低迷に始まり、2000年代になるとインターネットの台頭、多額の投資を必要とする地上デジタル放送の開始など、地方放送局にとって大きな正念場を迎えることになる。

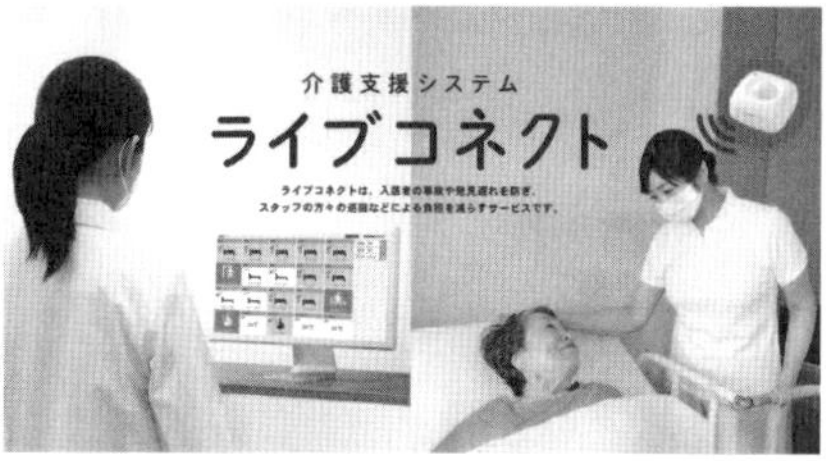

（左上）1954年、開局当時のラジオ山陰本社。（右上）「第59回ギャラクシー賞」で、森谷佳奈アナウンサーがラジオ部門DJパーソナリティ賞を受賞。（左下）介護DX事業として、入居者の見守りサービスなどを行う「ライブコネクト」に注力

この転換期に満を持して社長に就任したのが坂口だ。実は創業家が経営に携わったのは初代会長以来のこと。オーナー視点で中長期的な経営戦略を考えるべく、前線に立ったのだ。

「私たちの会社のベースにあるもの、それが何かと問われたら情報の信頼性を一番に挙げます。それは70年の歴史のたまものであり、諸先輩方が築いてきた〝のれん〟です。その深い感謝とともに、まずは『地域の共感と信頼を得た情報企業』をビジョンに掲げました」

その重要なキーワードとして、坂口は繰り返し〝情報エッジ〟という言葉を口にする。「単に事実を伝えるだけでなく、情報に付加価値をつけて知識へ、さらに知恵へと昇華させていく。情報の質にこだわり、皆さまの暮らしのお役に立つ提案ができるところまで持っていくことが、私たちの仕事です」

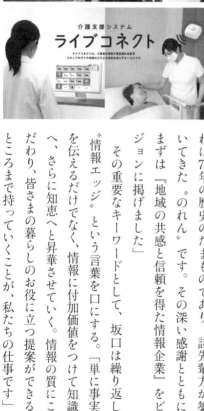

一方、新たな挑戦を続けるための財務力も受け継がれてきた強さだ。「特に先々代は、早くから『放送業界は今後、激変の渦に巻き込まれる』と予見し、徹底的に財務を見直しました。おかげさまで当社は創業以来、黒字経営を続けています」

高齢化先進地区であるハンデを逆手に取り、介護DX事業にも着手

YouTubeやNetflix、SNSなどの隆盛で、従来のマスメディアの立ち位置は大きく変化しつつある。また山陰地区の人口は2県合わせても120万人弱、人口減少も続いており、影響力という点でも限度がある。これらの課題をどう打開していくか。その一つの方向性が、「エリアを超えた発信力をどう創っていくかだ」と坂口はいう。

テレビでいえば、全国中継につながる番組を提供していくこと。ラジオならインターネット上で聴ける「radiko（ラジコ）」を活用した展開だ。「そもそもラジオは双方向コミュニケーションが持ち味で、インターネットとの相性がいい。2022年に『第59回ギャラクシー賞』で、当社アナウンサーの森谷佳奈がラジオ部門DJパーソナリティ賞を受賞しましたが、ラジオとインターネットの融合に注力してきた私たちの取り組みをしっかり評価いただき、目指してきたものが正しかったと証明されたと感じて、本当に嬉しかったですね。この番組ではSNSをフルに活用しており、ここで磨かれた経験が新たな可能性を広げていくと期待しています」

さらに、放送の枠にとらわれない自由な発想での新事業も始まった。それが介護DX事業（ライブコネクト）だ。「山陰は全国的にも高齢化の進行が早い地域ですが、それを逆手に取りました。私たちの取り組みの成果がロールモデルとして全国に広がることを狙っています」

事業の概要は、センサー技術やAIを用いて病院や介護施設の入居者の見守りサービスを行うもので、東京のスタートアップと協業する。「懐かしい昔の映像や音楽が認知症の進行にどんな好影響があるか、大学や医療機関での研究が進んでおり、私たちの映像資産がお役に立てるような展開へと発展させていくことが、将来に向けた大きな目標です」

Profile

坂口 吉平（さかぐち きっぺい）

1959年、鳥取県出身。成城大学卒。大手広告代理店勤務を経て、1988年に山陰放送入社。ラジオ編成業務部長、取締役ラジオ局長、常務管理部門担当・経営企画局長などを歴任し、2007年6月に代表取締役社長就任。

株式会社山陰放送
〒683-8670
鳥取県米子市西福原1-1-71
☎0859-33-2111
設立：1953（昭和28）年
事業内容：鳥取県と島根県を放送対象地域とするラジオ、テレビ兼営の特定地上基幹放送事業者
https://www.bss.jp/

[編者]

ダイヤモンド経営者倶楽部

日本の次世代産業の中核を担う中堅・ベンチャー企業経営者を多面的に支援する目的で設立、運営されている。現在の会員数はおよそ700社に上る。

〒104-0061
東京都中央区銀座4-9-8 NMF銀座四丁目ビル4F
電話 03-6226-3223
http://www.dfc.ne.jp

担当　北村和郎（kazu@dfc.ne.jp）

レガシー・カンパニー7

——世代を超える永続企業　その「伝統と革新」のドラマ

2024年4月16日　第1刷発行

編　者——ダイヤモンド経営者倶楽部
発行所——ダイヤモンド社
〒150-8409　東京都渋谷区神宮前6-12-17
https://www.diamond.co.jp/
電話／03·5778·7235（編集）　03·5778·7240（販売）
装丁/本文デザイン —ヤマダデザイン
編集協力——安藤柾樹（クロスロード）
製作進行——ダイヤモンド・グラフィック社
DTP ———荒川典久、テック
印刷————加藤文明社
製本————ブックアート
担当————加藤貴恵

ISBN 978-4-478-12025-5